CES BATEAUX QUI ONT DÉCOUVERT LE MONDE

Prépresse et fabrication : Glénat Production

Couvent Sainte-Cécile
37, rue Servan – 38000 Grenoble

ISBN 978-2-344-00796-9
Dépôt légal : avril 2015

Jean-Benoît Héron

CES BATEAUX QUI ONT DÉCOUVERT LE MONDE

Glénat

SOMMAIRE

AVANT-PROPOS

Tout a commencé le jour où j'ai rencontré mon éditeur. J'étais allé le voir pour lui montrer mon travail et lui proposer mes services d'illustrateur. «C'est très joli, tout ça, c'est un travail remarquable, il faut que l'on trouve quelque chose pour exploiter ces images, j'en discute et je vous rappelle.»
Était-ce un simple vœu? Non, quelques semaines plus tard, l'éditeur me recontacte: «Bon, je vous propose de faire un livre, un ouvrage sur les explorateurs et leurs bateaux. Est-ce que cela vous tente?»
J'en suis resté presque sans voix, j'ai rapidement réfléchi et j'ai dit oui, comme si j'avais dit: «Chiche!» Et je n'ai plus dormi, ou presque.
Nous avons dressé une liste d'explorateurs la plus exhaustive possible, une longue liste, bien trop longue. Et puis j'ai relu certains récits de voyage; si je disposais d'un bon nombre d'images, d'illustrations, beaucoup manquaient encore: j'ai donc rassemblé de la documentation et fait un tri dans la liste des personnages ayant osé franchir leurs colonnes d'Hercule.
Si la partie «illustration» de l'ouvrage allait me demander de longs mois de travail – mais c'est mon métier depuis près de vingt ans maintenant –, il fallait aussi trouver comment raconter ces aventures. Comment décrire la vie à bord, retrouver les sensations, les émotions, les craintes qui ont dû accompagner ces voyages? Et comment le faire différemment des autres ouvrages?
J'ai tenté de trouver une logique, un fil conducteur, j'ai cherché ce qui, très tôt, a poussé l'homme à aller au-delà de son horizon. Était-ce par nécessité? Était-ce par convoitise ou par soif d'aventure? Par nécessité certainement à l'origine, pour trouver de nouveaux territoires de récolte ou de chasse. La tribu se sédentarisant et s'agrandissant, certains individus, souhaitant prendre leur indépendance, sont allés voir si l'herbe n'était pas plus verte ailleurs. Une fois arrivés au bord de la mer, il leur a fallu inventer un moyen pour aller sur l'autre rive, pour voir s'il y avait une autre rive parfois. L'aventure fut alors plus risquée, elle a exigé plus d'organisation, de préparation, d'inventivité.
Découvrir de nouvelles terres et se les approprier, accroître sa puissance en soumettant de nouvelles populations fut un des moteurs de ces explorations. Les récits des voyageurs revenant au pays ont dû attiser ces soifs de richesse et de renommée. Si les ressources convoitées ont changé au fil du temps, leur convoitise a forgé un personnage: l'explorateur.
Il y eut dans l'histoire un enchevêtrement de longues périodes où les hommes sont restés à terre et d'époques pleines d'effervescence, où explorations et découvertes se sont multipliées à l'initiative d'un monarque ou d'un homme plus curieux que les autres. Les rivalités entre pays jouant également, ce fut, à partir de la Renaissance, une vraie course contre la montre: c'était à qui

trouverait la meilleure voie pour atteindre et maîtriser la route des épices. Dans un premier temps, chaque pays a marqué son territoire, repéré et balisé les routes dans le plus grand secret, et ce n'est qu'ensuite qu'il a véritablement exploré et étudié les nouvelles contrées découvertes.

L'histoire a retenu le nom des explorateurs, mais aussi celui de leur vaisseau, car que seraient ces aventuriers des mers sans leur bateau ? C'est d'abord en usant des embarcations habituelles que les hommes sont partis. Jusqu'à la Renaissance, la peur de l'inconnu et le risque pris sont tels que les explorateurs voyagent souvent sur de vieux bateaux. Il faut attendre le XVIIIe siècle pour que James Cook ou La Pérouse fassent transformer en vaisseaux d'exploration un navire charbonnier pour l'un, deux gabarres pour l'autre.

À partir du XIXe siècle, les navires commencent à être véritablement conçus et aménagés pour leur voyage d'exploration, tels le *Fram* de Nansen, l'*Endurance* de Shackleton ou la *Princesse Alice II* du prince Albert Ier de Monaco. Et bien plus récemment, dans les années 2000, les deux navires de recherche et d'exploration que sont l'*André Malraux* et *Tara* ont également été dessinés et équipés en vue de leurs missions.

Padrao, symbole des premières explorations portugaises le long des côtes africaines
JB Héron 2011 -

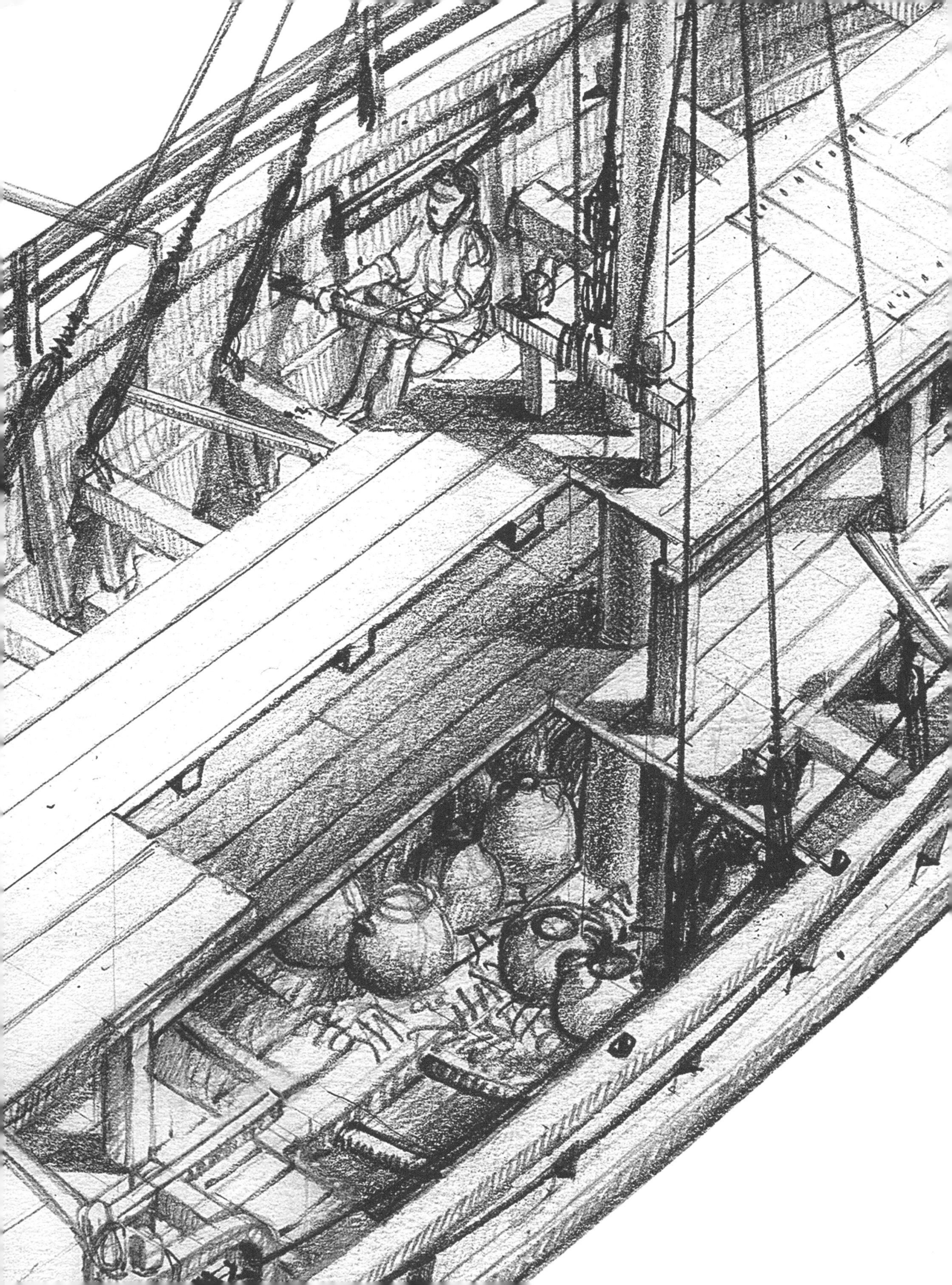

L'ANTIQUITÉ, ENTRE MYTHE ET RÉALITÉ

L'*ARGO* DE JASON

UN BATEAU, CINQUANTE ÉQUIPIERS

Nous sommes à l'époque de la Grèce antique, peut-être un peu avant, quand les dieux de l'Olympe sont encore sur terre. Jason patiente dans le port d'Iolcos, sur les côtes de Thessalie. Il doit retrouver la Toison d'or s'il veut récupérer son trône usurpé par son oncle. C'est avec cinquante compagnons qu'il compte mener sa quête en Colchide, cinquante Argonautes aux capacités et aux pouvoirs variés, dont les noms resteront dans la légende comme Argos bien sûr, Hercule, Castor et Pollux, Zétès et Calaïs, les fils du vent Borée, Pélée, Orphée ou Lyncée et sa vue perçante, pour n'en citer que quelques-uns.
Argos et les dieux ont aidé Jason à construire son bateau, l'*Argo*, qui, compte tenu de son équipage de cinquante compagnons, comporte sans doute autant de rameurs. Conçu comme les navires de guerre de l'époque, il est rapide et léger. Athéna elle-même, paraît-il, achève cette œuvre en offrant un chêne pour consolider la proue du navire.

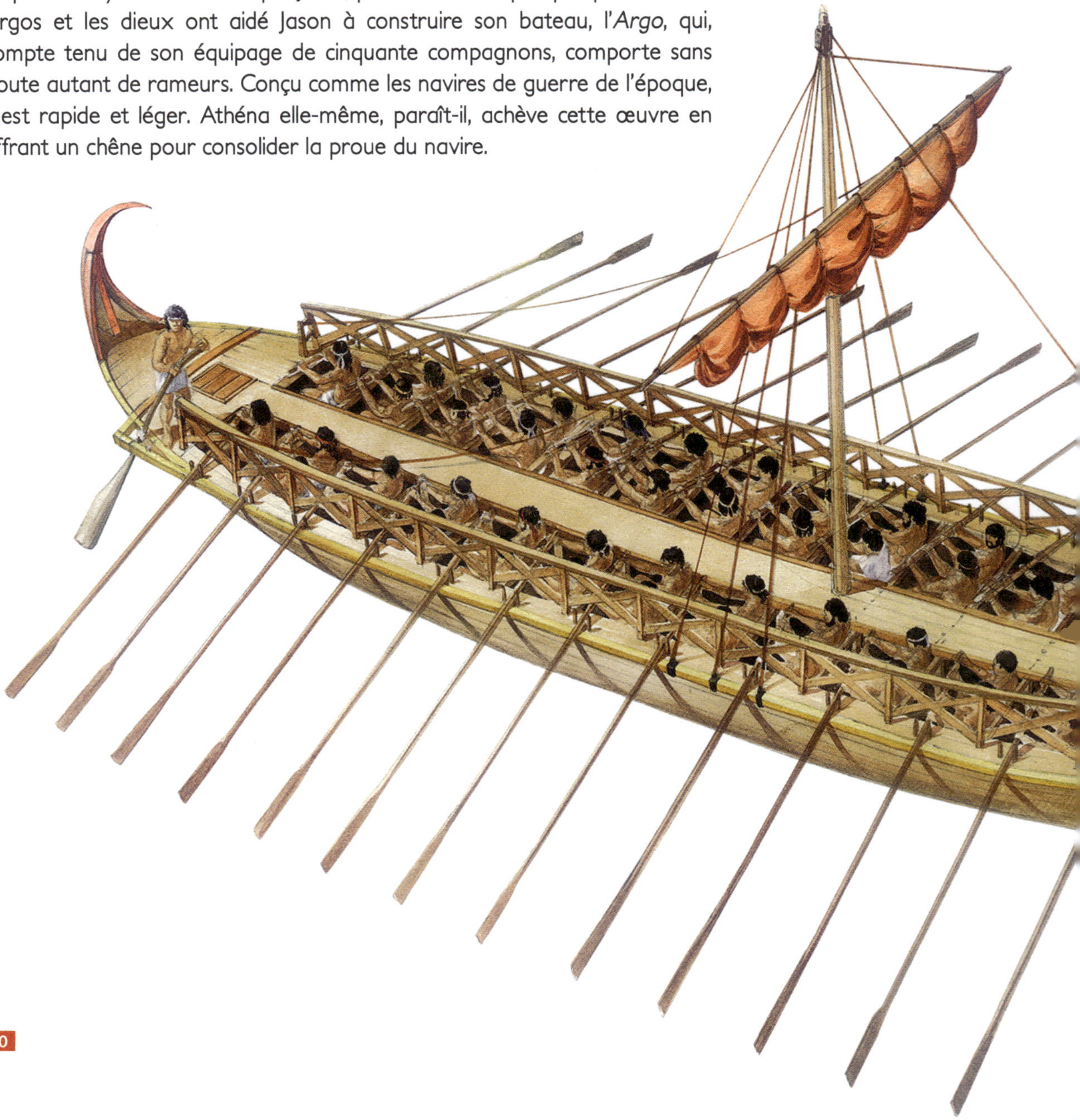

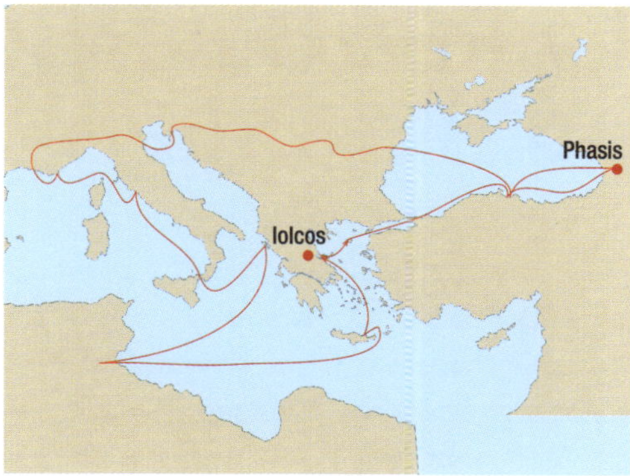

L'hypothétique trajet des Argonautes.

À LA RECHERCHE DE LA TOISON D'OR

Jason part ainsi explorer les côtes de la mer Noire. Il fonde la ville de Phasis (Poti aujourd'hui) dans l'actuelle Géorgie et, continuant sa route, explore l'embouchure du Danube. Remontant le fleuve, il découvre de nouvelles saveurs, de nouvelles plantes, des choses inconnues en Grèce, des souvenirs à rapporter, comme des preuves de son voyage et des choses à revendre une fois de retour. Allant jusqu'à transporter leur navire d'un cours d'eau à l'autre, Jason et ses compagnons finissent par trouver ces chercheurs d'or, ces orpailleurs qui, pour récolter la poussière d'or contenue dans l'eau, laissent traîner dans le courant des peaux de moutons. Ces toisons se chargent de limons et capturent de fines paillettes d'or: la voilà, cette fameuse Toison d'or!

Oh, bien sûr, l'histoire sera racontée avec plus de détails et d'aventures effrayantes, elle dira qu'il aura fallu affronter de multiples dangers et des créatures plus cruelles les unes que les autres. Mais au-delà des mythes, le fait est là: la Grèce étendra son influence et développera ses échanges jusqu'en mer Noire.

Une reconstitution de la mythique Argo construite en bois du mont Pélion.

LA PENTÉCONTÈRE D'ULYSSE

LA PREMIÈRE ODYSSÉE

Il s'en est raconté d'autres, des histoires. Celle d'Ulysse est restée fameuse et connue de beaucoup. À l'issue de la prise de Troie au XIIe siècle avant notre ère, les troupes grecques se préparent à rentrer, soit directement, soit en assurant encore un peu plus leurs conquêtes le long des côtes de Thrace. C'est à la tête d'une flotte d'une douzaine de navires qu'Ulysse met le cap sur le Péloponnèse. Première étape : la ville des Cicones. La prise d'Ismaros s'achève par une victoire que la troupe fête jusqu'au bout de la nuit avec force victuailles et vins de Thrace. Ivres et fatigués, les compagnons d'Ulysse se laissent surprendre par des survivants et doivent fuir au plus vite.

À peine les amarres larguées, les éléments se déchaînent, la tempête disperse les navires et les dévie de la route prévue. Ainsi commencent dix

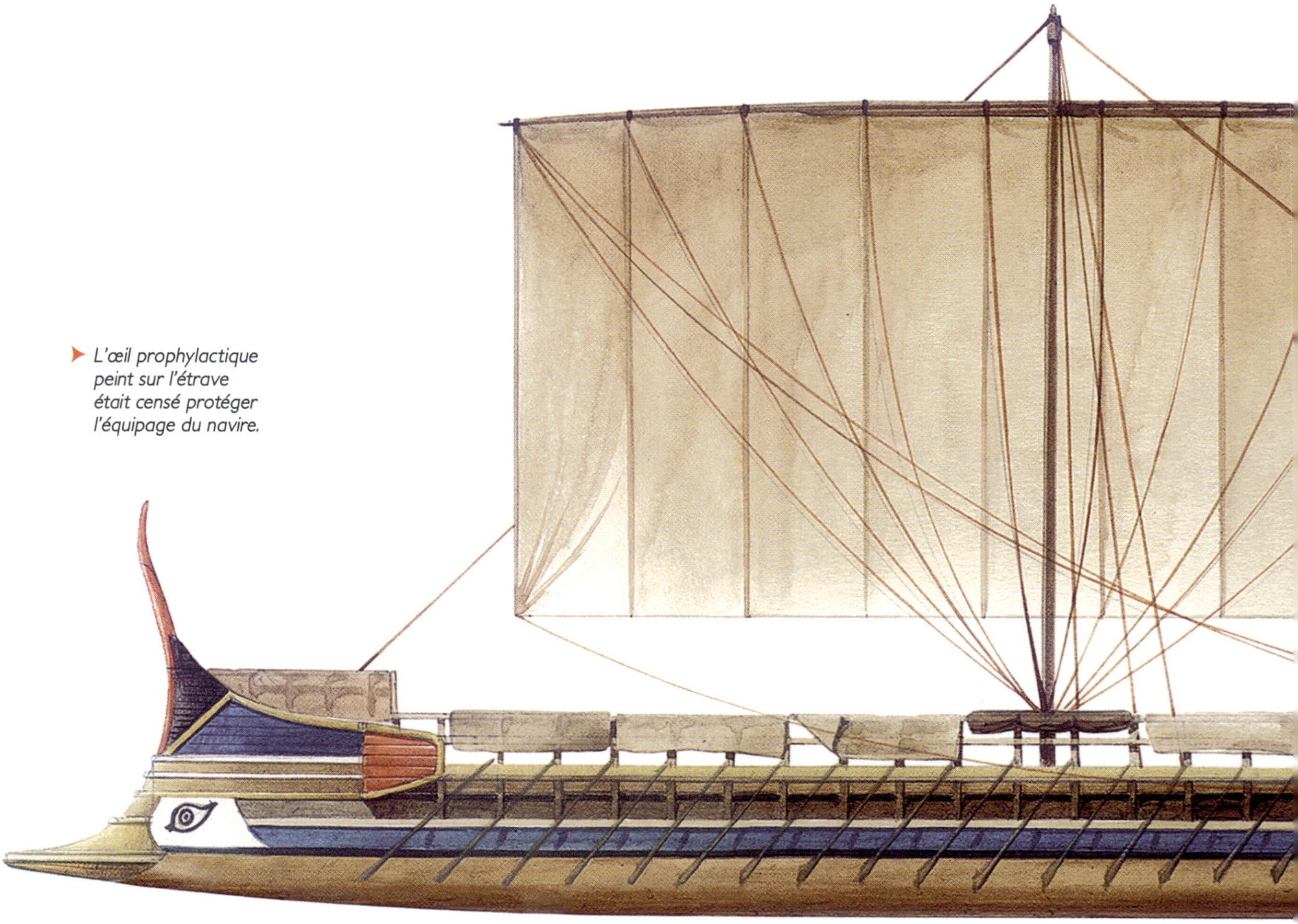

L'œil prophylactique peint sur l'étrave était censé protéger l'équipage du navire.

années d'errance et d'aventures à bord d'une simple galère, guère plus élaborée que celle de Jason en fait : une pentécontère, c'est-à-dire un navire de combat à cinquante rameurs disposés sur un même rang (35 mètres de long sur 5 de large à peu près). Un navire fait pour les raids, pas forcément pour la haute mer, en tous les cas conçu pour naviguer sur de courtes distances le long des côtes.
Ulysse et ses compagnons sillonneront la Méditerranée des côtes italiennes à la Sicile, et iront jusqu'aux limites du monde connu : les fameuses colonnes d'Hercule, autrement dit, le détroit de Gibraltar.

MYTHES ET RÉALITÉS

De retour à Ithaque, ces aventuriers auront de grandes et belles histoires à raconter. Ils brodent et inventent à loisir pour des raisons de prestige et de politique. Quelle part de vrai renferment les récits mythologiques de Jason et d'Ulysse immortalisés par Apollonios de Rhodes et Homère ? Quelle vérité historique reflètent-ils ? On sait que les peuples de Méditerranée, les Grecs, mais aussi les Phéniciens, représentants d'une grande nation de commerçants, ont fini par bien connaître leurs côtes en cabotant de port en port.

Une reconstitution possible de l'odyssée d'Ulysse.

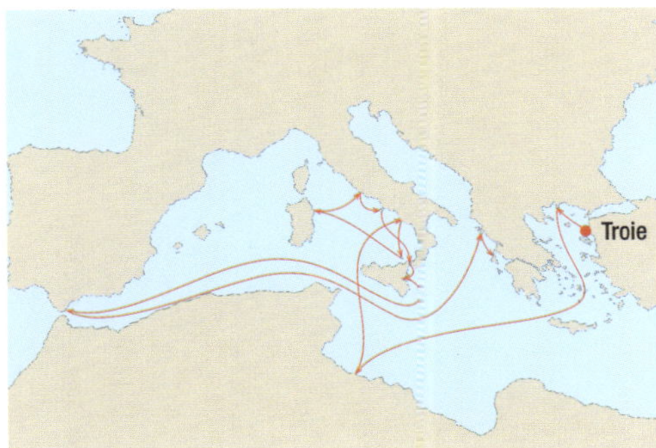

La voile des navires de l'époque est rectangulaire, coupée en général dans un tissu de lin et gréée sur une vergue hissée à l'aide d'une poulie. Habituellement, elle ne peut servir qu'en vent arrière ou au grand largue, et on l'utilise pour parcourir de longues distances.

L'EXPÉDITION D'HANNON

LA PUISSANCE DE CARTHAGE

Parti de Carthage, Hannon se lance à la conquête des côtes de l'Afrique de l'Ouest. À la tête d'une flotte d'une soixantaine de grands navires, il franchit les colonnes d'Hercule et met le cap au sud, en longeant les rivages marocains.

Aux alentours de 500 av. J.-C., une grande expédition débute donc : Hannon a armé soixante pentécontères, ces navires de guerre légers à cinquante rameurs. Longs d'une vingtaine de mètres, ils peuvent emporter, outre les cinquante rameurs installés sur deux niveaux, le capitaine, le barreur, le

pilote et une dizaine d'autres passagers, sans parler des vivres, des boissons, des armes et des bagages. Le but de ce voyage : rechercher de l'or et d'autres richesses pour renforcer la puissance de Carthage et surtout établir des comptoirs sur les terres explorées.

À LA DÉCOUVERTE DES CÔTES AFRICAINES

Soixante navires presque surchargés voguent vers le sud à la force des rames lorsque le vent ne suffit pas ou qu'il est contraire. De la première colonie située à l'emplacement de la ville actuelle de Ceuta jusqu'à Essaouira et Agadir, l'expédition navigue en territoire plus ou moins connu : si la route empruntée est inhabituelle, du moins les populations croisées sont-elles les mêmes que celles avec lesquelles les Carthaginois sont habitués à commercer. La flotte se réduit au fur et à mesure de l'avancée des bateaux : quelques navires font escale et leurs occupants implantent des comptoirs commerciaux, de petites colonies sur les côtes.

C'est au-delà du Maroc que la véritable exploration commence : elle les conduit d'abord dans l'archipel des Canaries, puis, plus au sud, sur l'île de Cerné, plus bas encore jusqu'à l'embouchure du fleuve Sénégal et même plus loin. D'aucuns disent que la flotte d'Hannon aurait croisé dans les eaux du golfe de Guinée, mais le périple d'Hannon est tout entier sujet à bien des controverses malgré le récit gravé sur des plaques du temple de Kronos à Carthage.

La disposition des rameurs sur deux niveaux explique que ces pentécontères phéniciennes soient plus courtes que celles de Grèce.

PYTHÉAS, LE DÉCOUVREUR

LA ROUTE DE L'AMBRE

Pythéas le Marseillais est un homme instruit et curieux, un savant pour son époque. Un homme qui sait écrire, qui connaît les mathématiques.
Nous sommes vers l'an 325 avant notre ère, et il vient enfin de réussir à financer une grande expédition d'exploration avec l'aide de marchands de la cité phocéenne. Sa mission officielle : trouver des approvisionnements en ambre et en étain. En réalité, il cherche avant tout à comprendre et décrire les côtes que son navire longe, afin de se repérer de manière plus sûre.

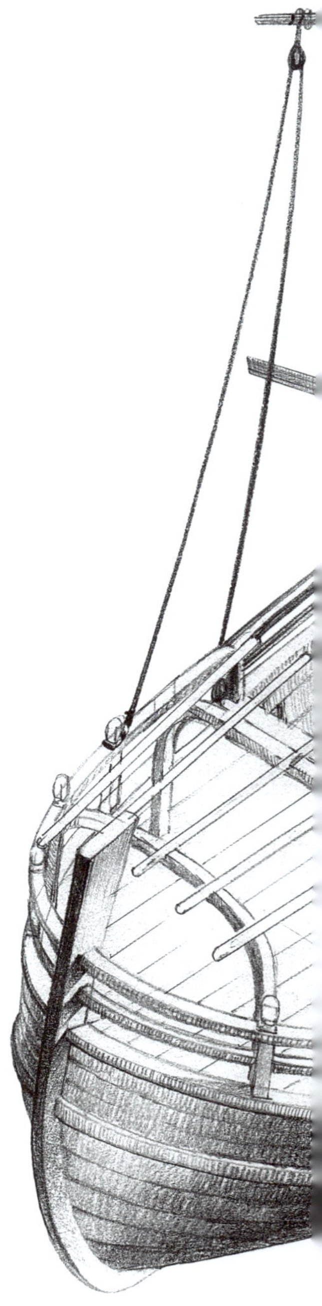

LE PHÉNOMÈNE DES MARÉES

C'est au printemps que Pythéas largue les amarres d'un petit navire de commerce phénicien plus ventru qu'une galère, marchant à la voile mais également pourvu d'avirons. Il contourne la péninsule Ibérique et met le cap sur l'Étoile polaire, aussitôt franchies les colonnes d'Hercule.
En naviguant le long de ces côtes, il se rend compte que l'amplitude des marées n'a pas de commune mesure avec celles de la Méditerranée. Autour de l'île d'Albion (la future Grande-Bretagne), la différence entre hautes et basses eaux peut atteindre plusieurs pieds ! Tout au long de son voyage, Pythéas vérifie ce phénomène et s'aperçoit qu'il coïncide avec certaines positions de la Lune.

LE NORD ET LE SUD

Le Marseillais entreprend un relevé précis des côtes de l'archipel d'Albion tout en restant à l'écart des populations ibères ou celtiques qui peuplent ces îles. Au début de l'été, il laisse derrière lui les terres britanniques et met le cap au nord. Il constate que plus il suit la direction de l'Étoile polaire, plus celle-ci se trouve haut dans le ciel, tout à l'opposé du Soleil. Il perçoit ainsi ce qui servira aux navigateurs à calculer leur latitude : la hauteur de l'Étoile polaire dans le ciel indique la position de l'observateur par rapport au septentrion, comme la position du Soleil dans le ciel à midi indique la position de l'observateur par rapport au midi. Il apprend donc à se situer entre le nord et le sud.

Sur ce navire de commerce phénicien, la petite voile avant servait essentiellement aux manœuvres de changement de cap.

Le bateau de Pythéas, un navire de commerce phénicien.

UNE MER DE GLACE

Après un hivernage le long des côtes britanniques, Pythéas atteint à la mi-juin de l'année suivante d'autres archipels faits de petites îles, probablement les Shetland, mais plus certainement les Féroé. Vient ensuite l'île de Thulé, qui serait vraisemblablement l'Islande. En suivant toujours la direction de l'Étoile polaire, il découvre une mer couverte de glace (« des îles faites entièrement de glace se déplacent au gré des courants et du vent ») et un Soleil qui ne fait qu'effleurer l'horizon sans jamais se coucher.

Repartant vers le sud, il retrouve l'île des Britannis qu'il contourne par l'ouest jusqu'à trouver enfin la terre des Teutons et les rivages de l'embouchure de la Vistule, où il ramasse de l'ambre en quantité.

Pythéas aurait écrit et rapporté à Massilia un ou deux récits de son périple, *De l'océan* et *Voyage autour de la Terre*, dans lesquels il a consigné toutes ses observations, ses rencontres et ses calculs. Si ses textes sont hélas perdus, Pythéas reste, quoi qu'il en soit, le premier explorateur scientifique.

EXPLORATIONS AU MOYEN ÂGE

DRAKKARS ET KNÖRRS DES VIKINGS

LEIF, LE CONQUÉRANT

Le vent est portant ce matin. Les quelques navires de Leif Erikson font route vers le nord en suivant la côte occidentale du Groenland – autrement dit «la terre verte». Oh, elle n'est plus vraiment verte à cette latitude et les glaces qui la couvrent sont de plus en plus épaisses. Il semble même qu'elles barrent la route non loin devant. À tribord, la terre qu'ils suivent depuis leur départ de la colonie d'Erik le Rouge, le père de Leif; à bâbord, une côte également...

«Nous allons faire demi-tour et suivre cette côte!» annonce Leif.

Erikson et ses compagnons cherchent une terre aperçue quelques années plus tôt pour s'implanter. Ils sont en repérage de ce qui s'appellera bien plus tard l'île de Baffin. Cette expédition les conduira jusqu'aux côtes de Terre-Neuve. Nous sommes en l'an 1000 et des poussières, mais revenons quelques années en arrière.

ERIK LE ROUGE

Le sud-ouest de la Scandinavie, vers l'an 970. Erik le Rouge et son père Thorvald sont contraints et forcés de quitter leurs terres : condamnés à l'exil pour meurtre par l'assemblée de leur communauté, le Thing, ils partent s'installer en Islande. Leur ferme est bientôt prospère, mais la famille a le sang chaud et des querelles de voisinage dégénèrent vite en bataille rangée ; Erik, condamné, doit encore abandonner ses terres.

En 982, il décide de prendre la mer, direction le nord-ouest, où des côtes ont été aperçues au début de xe siècle par Gunnbjörn Ulfsson.

À bord de son knörr, il double le cap Farewell, appelé alors le pic de la Disparition, à l'extrême sud du Groenland, et passe un premier hiver sur une île à l'est de cette pointe. Le *knörr* est l'embarcation privilégiée des Vikings quand ils commercent en faisant du cabotage de port en port. Doté d'une coque large et profonde, il peut transporter une cargaison importante. Il faut dire également que si ces bateaux à clins sont souples et tiennent bien la mer, les Vikings s'éloignent rarement des côtes.

➤ *La flottille de Leif Erikson naviguant vers le nord en mer de Baffin.*

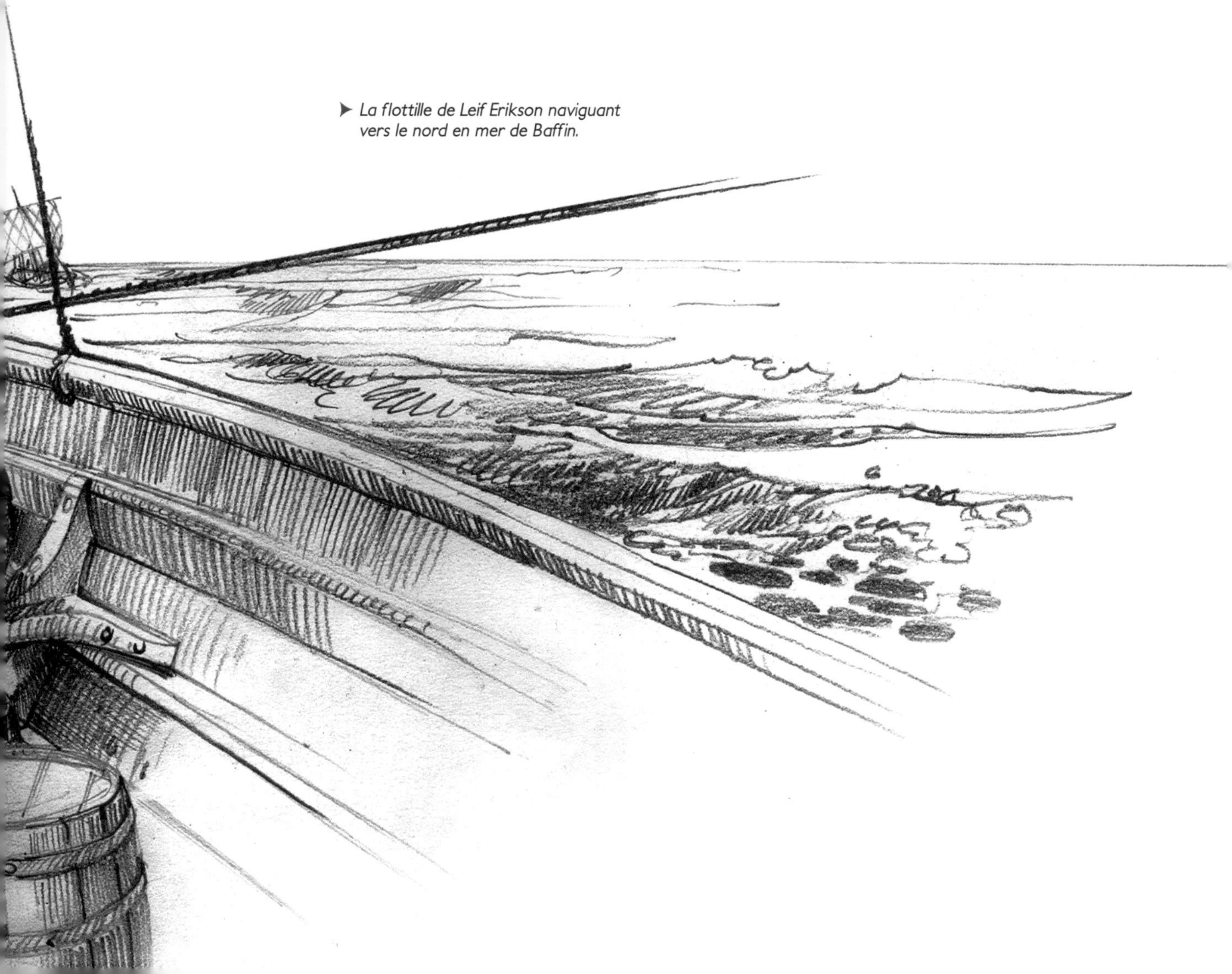

Au printemps, Erik le Rouge explore les nombreux fjords qui jalonnent les côtes sud du Groenland. S'engageant un jour dans l'un de ces canaux, il découvre enfin un lieu où passer l'été. C'est là qu'il reviendra à partir de 985 ou 986 après être retourné en Islande chercher les siens : sur les rives d'Eriksfjord, il crée ainsi l'établissement oriental de la « terre verte ». Les Vikings installeront deux autres colonies sur les rives sud du Groenland : l'établissement du centre et, plus au nord, l'établissement occidental.
Erik a trois fils, Leif, Thorvald et Thorstein. Si les deux cadets restent avec leur père au Groenland, l'aîné parcourt les mers entre la cour du roi Olaf en Norvège et le village d'Erik. Leif sait qu'un commerçant islandais nommé Bjarni Herjolfsson s'est perdu en mer en 985 ou 986 à l'occasion d'une traversée, apercevant ces terres vertes et propices à la culture : le Vinland.
C'est la description qu'il fait de ces terres qui suscite l'envie chez Leif et ses compagnons. Vers l'an 1000, Leif repart à la recherche de celles-ci, explorant les côtes du Groenland vers le nord, tournant au gré des courants et des vents ; il fait cap à l'ouest, longeant ainsi l'île de Baffin, puis les côtes du Labrador, jusqu'à retrouver enfin celles du Vinland, autrement dit Terre-Neuve.

Sur les knörrs des Vikings, le confort était très sommaire.

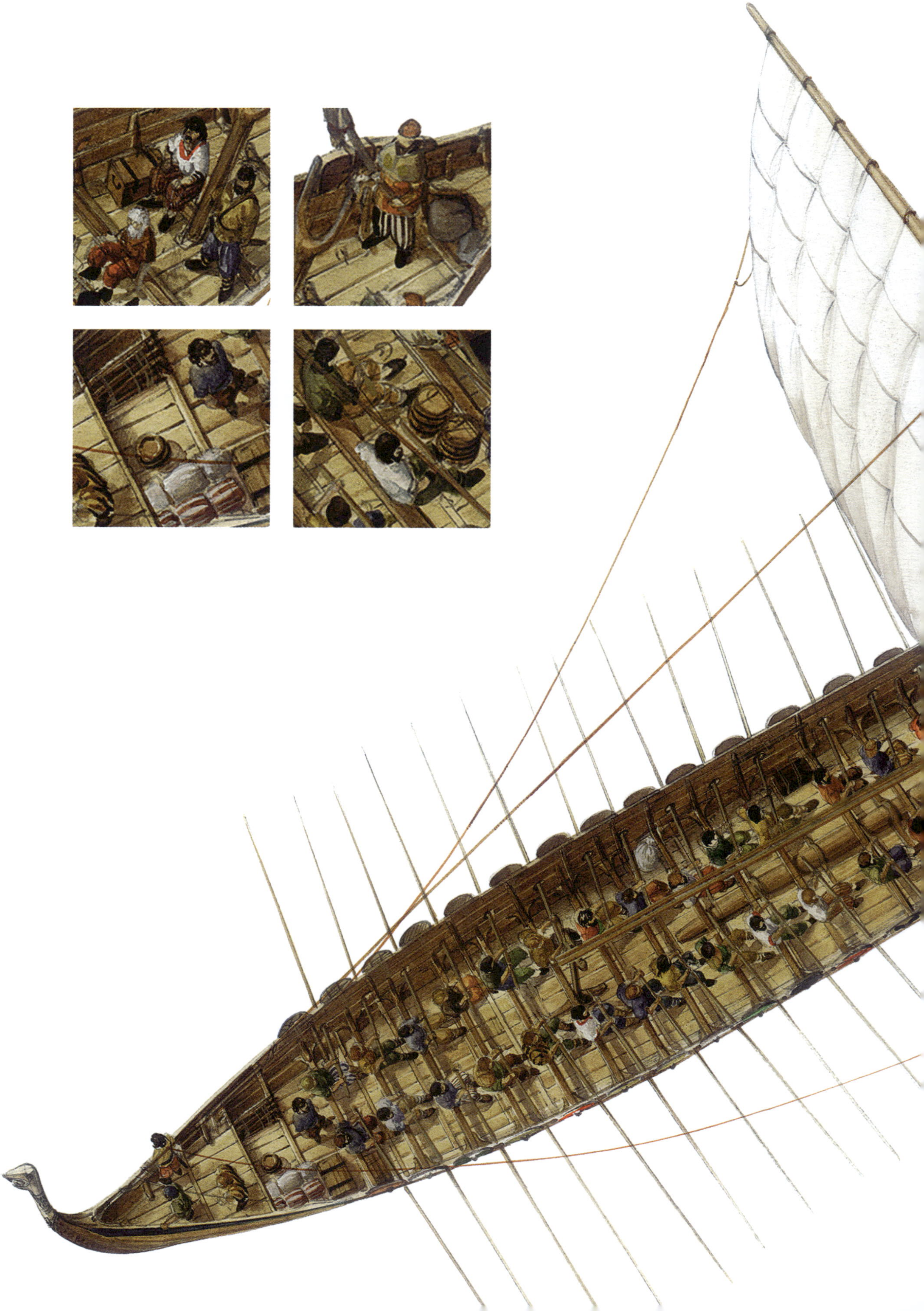

Drakkar ou landskip. Son étrave et sa poupe effilées lui permettent d'avancer aussi bien vers l'avant que vers l'arrière.
De par sa conception, c'est un navire souple et léger, donc rapide.
Grâce à son faible tirant d'eau, il peut remonter les fleuves.

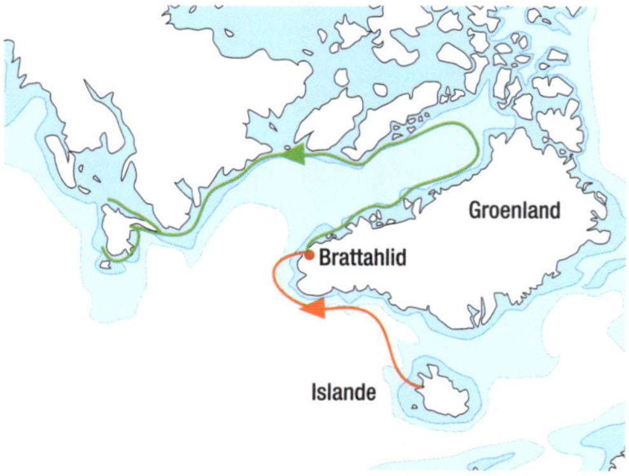

En rouge, le voyage d'Erik le Rouge.
En vert, celui de Leif Erikson.

RAIDS VIKINGS

Erik et Leif Erikson sont des Vikings, ces peuples du nord de l'Europe. Leur territoire couvre les frontières actuelles du Danemark, de la Norvège et de la Suède. Étant donné la pauvreté relative de leur territoire, ils mènent une politique d'expansion. Les Danois sont généralement organisés en clans plus ou moins solidaires mais soumis à l'autorité d'un roi. Les Norvégiens sont par nature plus indépendants : comme ils sont organisés en petites colonies jalouses de leurs terres, les conflits entre familles et les querelles de voisinage y sont monnaie courante. Les commerçants sont les Suédois, et leur négoce se développe surtout vers l'est, au-delà de la mer Baltique et jusqu'en Russie. Chacun de ces peuples vikings est donc tourné vers l'extérieur : c'est par la mer que les Danois partent vers l'Angleterre et le continent européen, alors que les maraudeurs norvégiens font plutôt voile vers l'Écosse, l'Irlande et les îles de l'Atlantique Nord.

Pour ces campagnes de conquête et de pillage, les embarcations sont plus grandes : on les appelle communément drakkars, un nom issu de la tête de dragon fixée à la proue du navire au moment des combats. Le vrai nom de ce bateau est *langskip*. Long et étroit, c'est un navire de raid fait pour se déplacer rapidement d'un endroit à l'autre et susceptible de naviguer même en eau peu profonde. Si le vent manque, il est armé d'avirons maniables individuellement. Sa dimension dépend du nombre de rameurs possibles sur un même drakkar, ce qui peut aller jusqu'à soixante ou quatre-vingts ; il peut donc mesurer 30 mètres de long, ou même un peu plus. Capable d'atteindre 15 ou 20 nœuds, il parcourt de longues distances, jusqu'à 100 milles par jour.

On retrouve un peu partout en Europe du Nord des traces de ces invasions et raids vikings. En Écosse, en Irlande et en Angleterre, sur les côtes de France, leurs navires leur permettant aisément de naviguer sur les fleuves, ils ont remonté la Seine jusqu'à Paris, se sont implantés en Normandie, et plus tard ont conquis l'Angleterre. Ils sont parvenus en Méditerranée jusqu'à faire tomber Miklagaard, le nom qu'ils donnent à Constantinople et qui est alors la plus grande ville d'Europe.

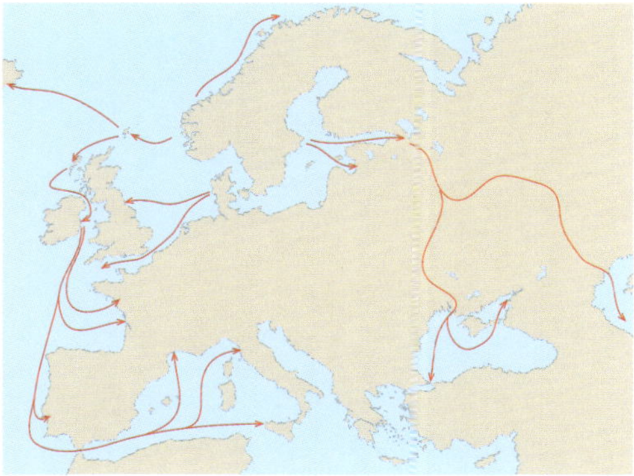

Carte des principales invasions vikings.

▸ *Profil d'un* landskip.

LA RENAISSANCE OU LA COURSE AUTOUR DU MONDE

LES NAVIGATEURS PORTUGAIS : DIOGO CÃO, BARTOLOMEU DIAS ET VASCO DE GAMA

HENRI LE NAVIGATEUR

La situation géographique du Portugal est telle que ce pays est depuis toujours tourné vers l'océan. Au début du XVe siècle, quand les pirates maures assaillent sans relâche les ports du sud du pays, il convient de réagir avec la plus grande fermeté. Henri le Navigateur, fils du roi Jean Ier de Portugal, n'a donc aucun mal à convaincre son père de frapper fort et à la racine du mal : prendre aux pirates barbaresques leur base, la ville de Ceuta, à l'extrême nord-est de l'actuel Maroc. À partir de 1415, l'Afrique du Nord devient donc le pré carré des Portugais qui prennent de vitesse l'Espagne. Dans les décennies qui suivent, les comptoirs portugais se multiplient le long des côtes d'Afrique occidentale, y compris sur les îles au large comme les Açores et Madère ; longtemps disputées, les îles Canaries seront espagnoles à partir de 1479.

En 1453, nouveau coup de tonnerre : Constantinople tombe aux mains des Ottomans, coupant ainsi la route de la soie ouverte par Marco Polo. Plus d'échanges possibles entre l'Europe et l'Extrême-Orient, à moins de se soumettre aux conditions d'intermédiaires de plus en plus gourmands et exigeants, qu'ils soient génois, vénitiens ou ottomans. Les pirates maures et génois sont également à l'affût et il faut absolument pouvoir contourner cette occupation et ouvrir de nouvelles routes vers les Indes.

Petite caravelle de Diogo Cão aux voiles latines (ou triangulaires).

LE CAP DES TEMPÊTES

C'est donc avec un double objectif qu'en 1482 le roi Jean II de Portugal charge Diogo Cão de poursuivre le travail d'exploration engagé par Gil Eannes quelques années auparavant, en 1434 : reprendre l'exploration des côtes d'Afrique au-delà du cap Bojador (Sahara occidental), découvrir par ce chemin le fameux royaume du prêtre Jean et tracer une nouvelle voie vers les Indes. En 1482 ou 1483, Cão reconnaît l'embouchure du fleuve Congo et atteint le cap Sainte-Marie en Angola à 13° de latitude sud, devenant le premier Européen à descendre aussi bas dans l'hémisphère Sud. Lors d'un deuxième voyage, en janvier 1486, il parvient cette fois à Cape Cross en Namibie.

Le São Gabriel de Vasco de Gama. Cette não (nef) a été construite spécialement pour l'expédition sous la supervision de Bartolomeu Dias.

En 1487, Bartolomeu Dias prend la suite, descendant encore plus au sud. Puis le convoi est surpris par une violente tempête qui le repousse très au large, vers le sud-ouest. En janvier 1488, après une errance de treize jours durant laquelle il double le cap de Bonne-Espérance sans le savoir, il se sert des vents de l'Antarctique qui soufflent fortement dans l'Atlantique Sud et navigue vers le nord-est. Dias souhaite alors poursuivre vers les Indes mais une révolte de l'équipage l'oblige à faire demi-tour. En mai, lors du retour, si la terre est enfin en vue, au lieu de la voir à tribord comme il s'y attend, c'est sur bâbord qu'elle apparaît… Il vient de franchir la pointe méridionale de l'Afrique, qu'il explorera à son retour et qu'il nommera un temps cap des Tempêtes, mais que son souverain rebaptisera cap de Bonne-Espérance en raison de l'espoir que cette découverte fait naître.

Il faudra attendre 1498 pour que Vasco de Gama atteigne les Indes par le chemin ouvert par Dias, à la tête d'une petite flotte de quatre bâtiments, dont deux nefs ou não : le *São Gabriel* et le *São Rafaël*. Le commerce maritime avec les Indes par l'Afrique et le cap de Bonne-Espérance est ainsi ouvert, il donnera naissance plus tard aux Compagnies des Indes.

En vert : les voyages de Diogo Cão.
En rouge : ceux de Bartolomeu Dias.
En violet : ceux de Vasco de Gama.

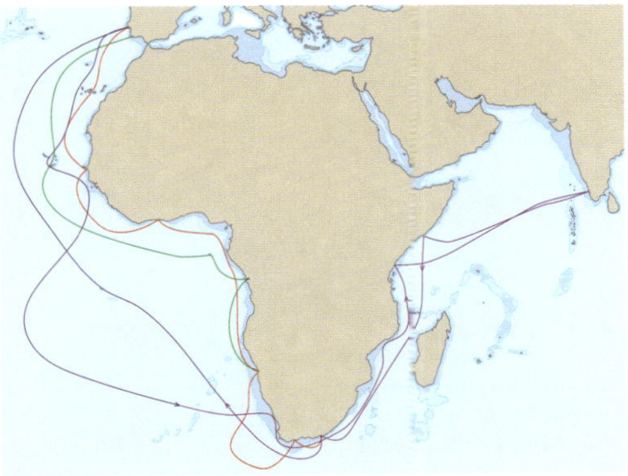

NEFS ET CARAVELLES

Toutes ces expéditions se feront à bord des navires de l'époque appelés communément caravelles. Les navigateurs portugais embarquent, au début de cette période de conquête, sur des bateaux de cabotage aux dimensions réduites, comme le barinel de Gil Eannes, une petite embarcation d'à peine 15 à 18 mètres de long, à voile carrée, dont les formes sont proches des caravelles à voiles latines. Si ce type de navire permet une navigation aisée par vent arrière ou au grand largue, il ne remonte pas au vent et, compte tenu des vents dominants sur les côtes nord de l'Afrique occidentale, il sera très vite remplacé par les caravelles aux voiles latines.

Ces navires plus grands (une vingtaine de mètres) ont des bords plus hauts afin de pouvoir affronter les vagues de l'Atlantique. Les caravelles proprement dites sont larges, ce qui autorise un faible tirant d'eau. Leurs voiles latines gréées sur deux ou trois mâts en font des bateaux plus facilement manœuvrables, qui permettent donc de remonter et d'explorer l'embouchure des fleuves. D'une plus grande capacité, ils peuvent emporter des vivres pour de plus longues traversées.

Caravelle de Bartolomeu Dias.

Plus grosses encore furent les nefs, navires de commerce à trois ou quatre mâts dotés d'une coque ventrue, longs d'au moins 25 mètres. Pour gagner en vitesse, les charpentiers de marine agrandissent les mâts et ajoutent des voiles. Naviguant en haute mer, les nefs sont gréées de voiles carrées, plus efficaces dans les vents portants rencontrés.

Concrètement, les Portugais organisent leurs expéditions avec au moins deux navires, une petite caravelle au faible tirant d'eau pour l'exploration et un bateau plus important pour transporter l'intendance. Ils ont conçu, à l'époque, des navires adaptés aux conditions de recherche et d'exploration qu'ils rencontraient en les choisissant avec soin. Les voyages s'allongeant dans le temps, il leur fallait des navires plus spacieux, capables d'emporter de quoi nourrir l'équipage pendant de longues périodes, et surtout pouvant ramener toutes les richesses possibles au retour.

Plus grandes que les anciennes caraques du Moyen Âge, les caravelles restent néanmoins de taille modeste. La faible capacité de leurs cales ne leur permet pas de longues traversées.

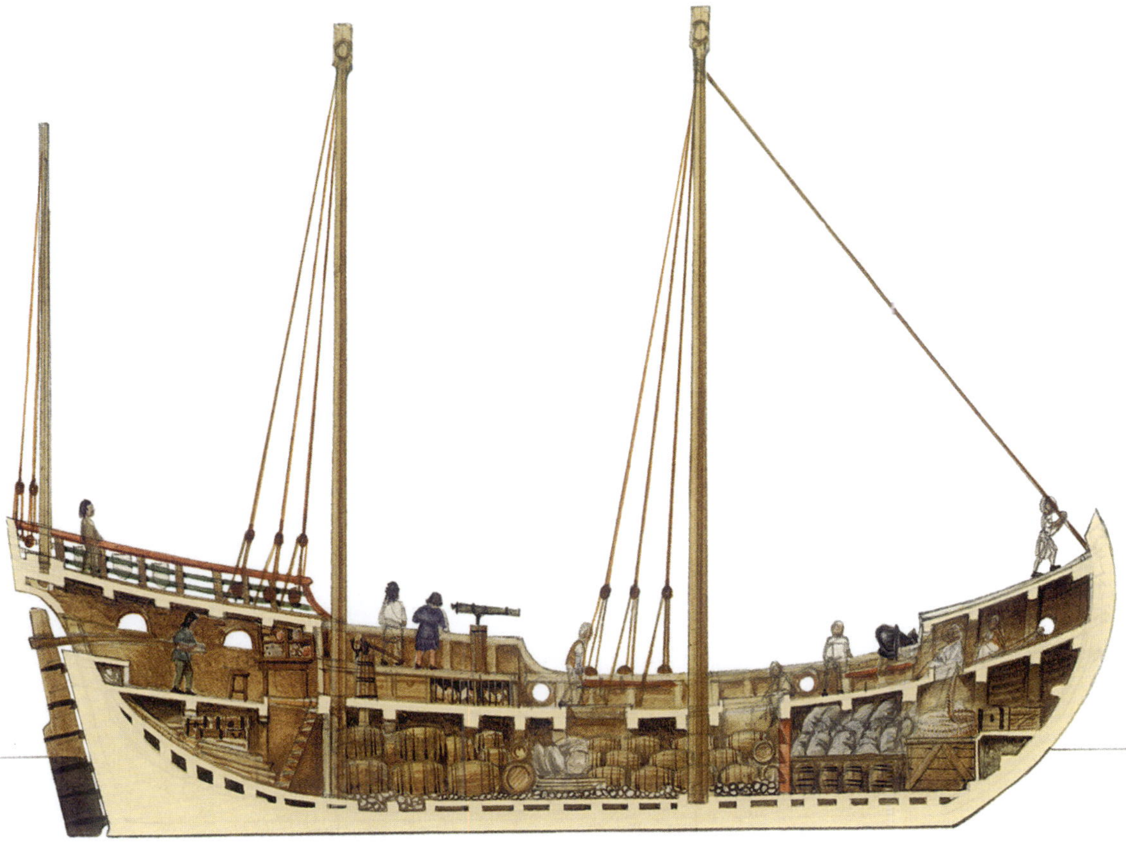

LA *SANTA-MARIA* DE CHRISTOPHE COLOMB

Depuis combien de temps le convoi est-il parti? Plusieurs semaines maintenant, presque neuf pour être exact. Les vivres se font plus rares, l'eau douce commence à manquer. De plus, ces derniers jours, le vent semble avoir abandonné l'expédition. La colère recommence à gronder au sein des équipages, une colère mêlée de peur, une peur qui ne les a jamais vraiment quittés depuis leur départ du petit port de Palos de la Frontera, en Andalousie, non loin de Cadix et de Séville, le 3 août 1492. Christophe Colomb le sait, il le sent, la terre n'est plus très loin.

UNE EXPÉDITION PORTUGAISE OU ESPAGNOLE ?

Voilà bientôt huit ans que l'idée de ce voyage lui est venue. Il résidait alors au Portugal. Il se souvient de son entrevue avec le roi Jean II de Portugal, il espérait bien le convaincre alors, mais le deuxième voyage de Diogo Cão paraissait plus prometteur au roi du Portugal que cette folle expédition vers l'ouest.

Les trois navires de Christophe Colomb, la Santa Maria, *la* Niña *et la* Pinta, *en route vers le Nouveau Monde.*

C'est à cause de ce refus que Christophe Colomb a rejoint l'Espagne. Là aussi, la reine et l'Église d'Espagne n'ont pas cédé tout de suite. Sa première rencontre avec Ferdinand II d'Aragon et Isabelle Ire de Castille en 1486 s'est soldée par un échec, tout comme la deuxième quatre ans plus tard. En fait, il le sait, il a demandé beaucoup trop : des titres de noblesse, un intéressement sur les richesses que rapporteront ses découvertes…

C'est la perspective des retombées économiques qui fait pencher la balance lors de son entrevue suivante à la cour en 1491. Il réussit à convaincre le trésorier de la maison du roi, Louis de Santangel : la maîtrise de la route des Indes permettrait de ne pas s'encombrer de ces intermédiaires orientaux et des dangers de la navigation, pirates et caprices de la mer, qui font flamber les prix. L'accord définitif est signé l'année suivante.

La Niña *après son escale aux Canaries et son changement de gréement.*

La Pinta.

La Santa Maria, *le navire amiral de l'escadre.*

LA FLOTTE

La rencontre préalable avec les frères Pinzón est comme un don du ciel: ils apportent en effet deux caravelles, la *Pinta* et la *Niña*. La première mesure 22 mètres de long, 7 mètres de large et 75 tonneaux. Elle est munie de trois voiles, deux carrées et une latine sur le mât d'artimon, et compte vingt-six hommes d'équipage; la seconde, plus petite, à trois voiles latines, mesure un peu plus de 21 mètres sur 6,40 m, pour une jauge de 52 tonneaux et vingt-deux hommes.
Il ne reste plus à Christophe Colomb qu'à louer son navire amiral, une *galéga* ou *não*, un lourd vaisseau de commerce lent mais robuste, qu'il rebaptise *Santa Maria*: 30 mètres sur 8 mètres, 100 tonneaux et trente-neuf hommes d'équipage pour la manœuvrer.

TERRE, TERRE !

Christophe Colomb se souvient de l'émoi qui régnait sur les quais de Palos de la Frontera quand les équipages furent réunis et l'avitaillement complété, il se souvient de cette procession au petit matin en descendant vers le port, de la ferveur du départ en ce 3 août 1492. Tout ceci lui semble bien loin.
Il lui faut aujourd'hui apaiser la colère qui gronde au sein de l'équipage et la rébellion des frères Pinzón. Il lui a déjà fallu calmer deux mutineries, expliquer qu'en fin de compte il valait mieux continuer plutôt que de faire demi-tour: «Si nous ne savons pas encore ce qu'il y a au-devant de nous, au moins savons-nous que nous n'avons pas assez de vivres et d'eau pour regagner l'Espagne.» Les frères Pinzón ont entendu son discours et ont su se résigner. Mais Dieu que ce voyage est long!
Colomb craint encore ces illusions, ces mirages qui lui ont fait croire, à lui et à l'équipage, qu'ils étaient déjà arrivés. Une première fois dix jours à peine après leur trop longue escale aux Canaries, mais ce n'était en fait que des algues flottant sur les eaux de la mer des Sargasses. Cette escale leur a pris du temps d'ailleurs, la *Niña* marchait mal, ses grandes voiles latines, qui fonctionnent bien sur la Méditerranée, sont moins efficaces en Atlantique; ils ont donc modifié le gréement et depuis, elle avance comme les autres navires de l'escadre. Ils ont également procédé à d'autres réparations: les préparatifs avaient été trop rapides et les navires n'étaient pas vraiment prêts à affronter le grand large.
Dix jours plus tard, ce fut le mirage de Martin Alonso Pinzón, capitaine de la *Pinta*: il en était persuadé, il avait vu la terre. Tout le monde s'était précipité sur le pont, scrutant l'horizon… Victime du même genre d'hallucination que son frère, Vincente alertera à tort l'équipage quelques jours plus tard. C'est pourquoi Colomb reste prudent, de peur non seulement d'être encore une fois déçu mais aussi à cause de la réaction possible de l'équipage et des capitaines des deux caravelles.

La route de Christophe Colomb qui le conduit aux Bahamas.

Il y eut enfin ce vol d'oiseaux début octobre. On aurait dit les colombes de Noé revenant avec leur rameau d'olivier! Ils arrivaient du sud-ouest. Les navires ont alors légèrement modifié leur cap dans la direction d'où provenaient les oiseaux, à la manière des Vikings et autres anciens navigateurs.

C'est à peine si la Lune éclaire en cette nuit du 11 au 12 octobre. Une brume légère flotte au-dessus de la mer, mais celle-ci est plus calme qu'à l'ordinaire, le navire semble moins bouger… Cette nuit, sur la dunette de la *Santa Maria*, Christophe Colomb le sent, c'est différent: l'air transporte un léger parfum, des effluves de végétation humide, une vague odeur de terre. Toucherait-il enfin au but? Tout est calme, l'équipage dort et… et soudain un cri en provenance de la *Pinta*: «Terre!»; et il la voit lui aussi! Là-bas, juste devant: la terre! Le Japon s'offre enfin à lui! Il avait raison!

Il faudra attendre quelques années encore pour se rendre compte que les hommes de Christophe Colomb n'étaient qu'à mi-chemin, et que la terre qu'ils venaient de découvrir n'était pas le Japon mais une île des Bahamas (San Salvador), proche d'un continent qui leur barrait la route des Indes.

Toute expédition avait l'aval de l'Église, tant au Portugal qu'en Espagne, et tout commandant avait pour mission d'évangéliser les populations rencontrées, ce qui explique les croix rouges peintes sur les voiles.

Poupe de la Santa Maria.

LE *VICTORIA* DE MAGELLAN ET LE PREMIER TOUR DU MONDE À LA VOILE

UNE NOUVELLE ROUTE POUR LES INDES

En 1494, le traité de Tordesillas instaure une ligne de démarcation entre les possessions coloniales espagnoles et portugaises, réservant la partie ouest aux Espagnols suite aux découvertes de Christophe Colomb et la partie est aux Portugais depuis leur conquête de l'Afrique occidentale.

Au tournant des XVe et XVIe siècles, la route des épices reste un enjeu économique considérable, et c'est à qui s'assurera le voyage le plus rapide jusqu'aux Moluques (Indonésie) et aux Indes.

Étant donné que la voie ouverte par Vasco de Gama par le cap de Bonne-Espérance vers les Indes est réservée aux Portugais depuis le traité, l'Espagne n'a d'autre choix que de reprendre l'idée de Colomb. Avec les conquêtes de l'Espagnol Vasco Nuñez de Balboa au début du XVIe siècle, on sait que les Amériques ne sont qu'une barrière vers les Indes en passant par l'ouest. Aussi Magellan soumet-il l'idée d'une expédition qui ouvrirait à l'Espagne la route des Indes en contournant les Amériques par le sud, ce qui permettrait de ne pas dégrader les relations avec le voisin portugais. Avec l'appui de grands commerçants et de membres influents, il réussit à convaincre Charles Ier, futur Charles Quint, de financer une telle expédition.

PRÉPARATIFS

La flotte se composera de cinq bâtiments, le *San Antonio*, le *Trinidad*, le *Concepción*, le *Santiago* et le *Victoria*. Les navires achetés ou mis à la disposition de l'expédition sont vieux et délabrés, et malgré l'intérêt suscité par cette aventure, les risques encourus font que l'on hésite à envoyer des bateaux flambant neufs. Il faudra près de dix-huit mois pour les remettre en état et les réparations au final coûteront plus cher que le prix d'achat des navires.

L'expédition emporte, outre l'armement composé de soixante-deux canons et dix fauconneaux, près de 10 tonnes de biscuits, 6 000 livres de porc salé et cinq cents barriques de vin, sans compter du bétail sur pied, vaches et poules. Un stock de verroteries et de bibelots bon marché, de différentes toiles de coton ou de draps est également chargé pour les échanges avec les populations rencontrées.

Le 10 août 1519, la flotte quitte enfin Séville, descend le Guadalquivir et met le cap au sud-ouest.

▸ *La flotte de Magellan dans le détroit du même nom.*

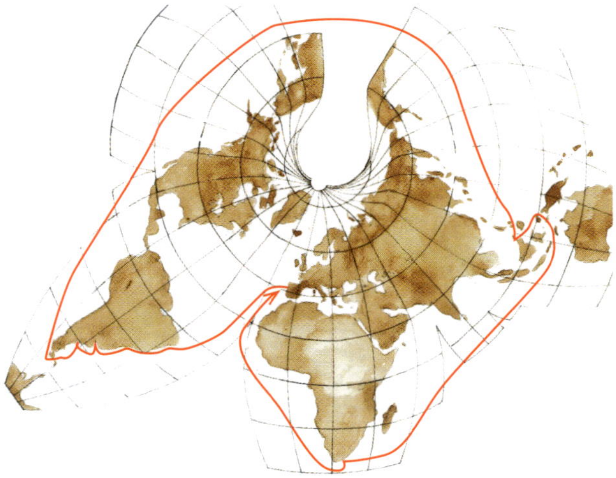

Le tour du monde du Victoria parti de Séville.

L'ÉPREUVE DU DÉTROIT

Plusieurs mois plus tard, fin octobre 1520, en Amérique du Sud, la recherche d'un passage dans le détroit qui prendra le nom de Magellan s'impose comme la première épreuve de ce périple. Les équipages ne s'attendaient pas à un climat aussi froid et doutent de l'existence d'un passage vers l'ouest. À l'approche du détroit, une partie des équipages se mutine. La répression est brutale mais les navires reprennent la route. Les canaux et les îles sont nombreux en Patagonie et Magellan décide d'envoyer le *Santiago* en reconnaissance. Malheureusement, celui-ci s'échoue et doit être abandonné. Plus loin dans le détroit, le *San Antonio* déserte, fait demi-tour et repart vers l'Espagne. Finalement, il faudra près d'un mois et demi à la flottille réduite à trois navires pour franchir le détroit et arriver dans le Pacifique.

LE CAUCHEMAR DU PACIFIQUE

À ce moment-là, dans sa «précipitation» et parce qu'il n'a aucune idée de l'immensité du Pacifique, Magellan commet l'erreur de ne pas se ravitailler et faire aiguade – c'est-à-dire le plein d'eau. C'est à cause de ses hésitations qu'il rate Tahiti puis les îles Marquises et qu'il prolonge ainsi le supplice des équipages à court d'eau douce et de vivres. Les hommes de Magellan restent plus de trois mois sans ravitaillement, mangeant de la sciure, des rats et le cuir des vaches embarquées sur pied. En mars 1521, ils atteignent enfin les îles Mariannes puis les Philippines une semaine plus tard. Il leur aura fallu trois mois et dix jours pour parcourir 13 000 milles. La fin du voyage est aussi tragique puisque Magellan meurt un mois plus tard au cours d'une attaque sur l'île philippine de Mactan.
Sur les cinq navires envoyés en expédition, un seul réussit à regagner l'Espagne, en passant par le cap de Bonne-Espérance, le *Victoria*, bouclant ainsi le premier tour du monde. Le 6 septembre 1522, il remonte le Guadalquivir et arrive à Séville; seuls dix-huit hommes d'équipage ont survécu.

Le Victoria de Magellan, voilure réduite.

JACQUES CARTIER ET L'EXPLORATION DU SAINT-LAURENT

LA PREMIÈRE EXPÉDITION

En 1532, Jean Le Veneur, abbé du Mont-Saint-Michel et évêque de Saint-Malo, présente Jacques Cartier, alors âgé de 41 ans, à François Ier. Il a dans l'idée d'envoyer ce marin sur les traces de Magellan découvrir une route vers les Indes et la Chine, mais en passant plus au nord. La paix entre l'Espagne et la France est en effet fragile et toute récente, il faut donc imaginer une route plus rapide et surtout différente. Il partira avec la mission de découvrir « certaines îles et pays où l'or et de multiples autres richesses abondent ».

Le 20 avril 1534, avec deux navires, *La Petite Hermine* de 60 tonneaux et *L'Émerillon* de 40 tonneaux, et soixante et un hommes, Jacques Cartier se lance dans un premier voyage. La traversée jusqu'à Terre-Neuve dure une vingtaine de jours… Après avoir exploré pendant quatre mois les côtes et l'embouchure du Saint-Laurent qu'il prend pour une mer intérieure, il rentre en France, accompagné de deux Iroquoiens du Saint-Laurent.

LE DEUXIÈME VOYAGE

Jacques Cartier sollicite à son retour le roi de France pour financer une deuxième expédition afin de poursuivre les explorations engagées. L'expédition composée des deux navires du premier voyage, auxquels s'est ajouté le galion *La Grande Hermine* de 100 tonneaux, part de Saint-Malo le 19 mai 1535. Les navires sont chargés de vivres pour quinze mois et ils emportent cent dix hommes, y compris les deux Amérindiens, fils du chef Donnacona, amenés en France par Cartier lors de son premier voyage et qui parlent maintenant français.

Ce voyage fut le plus symbolique aux yeux de l'histoire puisque c'est au cours de celui-ci que Cartier remontera le fleuve Saint-Laurent et qu'il découvrira Québec – alors le village de Stadaconé –, et qu'il repérera plus haut en suivant le fleuve le site du Mont Royal qui deviendra plus tard Montréal.

Vue de la poupe
de La Grande Hermine.

JAMAIS DEUX SANS TROIS

C'est en décrivant ses découvertes au roi que ce dernier lui ordonnera de retourner une troisième fois sur place afin d'y implanter une première colonie, mais le Malouin ne peut entreprendre ce voyage tout de suite pour cause de conflit.

La guerre éclate entre François Ier et Charles Quint, et Jacques Cartier doit attendre mai 1541 pour repartir avec cinq navires, dont *La Grande Hermine* et *L'Émerillon*. De retour sur les terres canadiennes avec des colons volontaires et des forçats, il fonde Charlesbourg-Royal, la première colonie française d'Amérique du Nord.

On y découvre finalement peu de richesses, et la colonie ne prendra un nouvel essor que durant le siècle suivant, avec Samuel de Champlain qui fonde en 1608 la ville de Québec, donnant ainsi naissance à l'Empire français d'Amérique.

La Grande Hermine *est un navire de type galion, une évolution de la nef de Colomb améliorée par les Vénitiens.*
Jaugeant 100 à 120 tonneaux, elle devait mesurer 78 pieds de long sur 25 de large, soit environ 23,8 mètres sur 7,6.
C'est le plus grand des trois navires du deuxième voyage de Jacques Cartier.

FRANCIS DRAKE
ET LE *GOLDEN HIND*

▶ *Francis Drake (v. 1540-1596) vient d'une famille pauvre du Devon. Il s'embarque dès l'âge de douze ans et devient vite capitaine. Les Espagnols le surnommeront el Dragon.*

LE CORSAIRE D'ÉLISABETH IRE

Après la mort d'Henri VIII en 1547, l'Angleterre voit se succéder quatre monarques en l'espace de onze années. Aussi le long règne (1558-1603) d'Élisabeth Ire apporte-t-il de la stabilité. L'Angleterre devient une grande nation au même titre que la France ou l'Espagne et commence à affirmer sa volonté d'expansion maritime et coloniale. Cependant, la prudence et la diplomatie dont la reine a fait preuve jusqu'à présent pour ménager ses grands voisins ne sont hélas plus compatibles avec cette volonté de conquête. C'est dans ce contexte que Francis Drake harcèle les colonies espagnoles du Nouveau Monde ; il apparaît comme un pirate aux yeux des Espagnols, alors qu'il a l'approbation et le soutien de la reine d'Angleterre, qui lui rédige ses lettres de marque.
En 1577, la reine, avec l'aide financière de puissants marchands, propose au capitaine Drake de préparer une expédition autour du monde : opération commerciale, certes, mais aussi de prestige puisqu'elle offre ainsi à Drake d'être le premier Anglais à réaliser un tel voyage, le second après celui de Magellan.

LE *PELICAN* OU *GOLDEN HIND*

Drake prépare une flotte de cinq navires : le *Pelican*, l'*Elizabeth*, le *Christopher*, le *Swan* et le *Benedict*. Le vaisseau amiral de l'escadre est le *Pelican* : 250 tonneaux, 32 mètres de long pour 2,80 de tirant d'eau. Il est armé de quatorze canons de 18 livres et de douze canons de 9 livres, sans compter quelques pierriers. Francis Drake le rebaptisera *Golden Hind* (« biche dorée ») en hommage à Christopher Hatton, chancelier et favori de la reine dont les armoiries comportaient une biche.

CORSAIRE OU EXPLORATEUR ?

Enfin, le 15 novembre 1577, Francis Drake tente de prendre la mer avec comme objectif le tour du monde, mais une tempête l'oblige à rebrousser chemin. Après un mois de réparations et d'attente, le convoi reprend finalement la mer le 13 décembre, cap au sud-ouest.
À peine dans l'Atlantique, la flotte arraisonne un premier galion espagnol, puis deux navires portugais au large du Cap-Vert. Ces premières prises permettent à Drake de renforcer son escadre et de remplacer l'un de ses navires. Mais les tempêtes de l'Atlantique ont raison du *Christopher* et du *Swan*, comme celle qu'ils affrontent en arrivant dans le Pacifique viendra à bout du *Benedict*.

Sur la côte est de l'Amérique, Drake fait encore quelques prises espagnoles, des vaisseaux pleins d'or, d'argent et autres richesses. Ses navires remplis des trésors espagnols, il décide de rentrer en Angleterre. Après une escale aux Moluques pour compléter son chargement avec des épices, il regagne Plymouth à la fin de l'année 1580.
Il sera anobli à bord de son bateau au printemps suivant par la reine elle-même. Il faut dire que le butin rapporté par l'expédition de Drake autour du monde équivaut à sept cents fois l'investissement, et que la part qui revient à la Couronne s'élève à la moitié de cette somme…

Vue en éclaté du Golden Hind *de Francis Drake, anciennement le* Pelican *(32 mètres de long pour 6 de large, 386 m^2 de voilure, vitesse maximale: 8 nœuds, soit 15 km/h). Il fut le deuxième navire à faire un tour du monde complet, le premier étant le* Victoria *de Magellan.*

LES PREMIERS INSTRUMENTS DE NAVIGATION

ASTRES, CADRANS ET BOUSSOLES

Tant qu'il s'agit de navigation côtière, il est possible de s'orienter; on trouve toujours un point de repère, un amer. La difficulté commence quand les côtes sont hors de vue. Dans l'histoire de la navigation, la course des astres fut et reste le premier point de repère. Du lever au coucher, la position du Soleil indique l'est et l'ouest. Il suffit alors d'un gnomon, un simple bâton dressé dont on suit l'ombre sur le pont, pour savoir à peu près où diriger le bateau. Et la hauteur du Soleil à midi – la longueur de l'ombre du gnomon sur le sol – donne également une idée de la position de l'observateur par rapport au pôle, autrement dit, une idée de sa latitude. C'est à l'aide de cet instrument que Pythéas sut, avec une précision remarquable pour l'époque, se situer au cours de son voyage vers le nord de l'Europe.
Concernant l'observation de nuit, l'homme se rendit vite compte de l'importance de l'Étoile polaire. Pythéas observa sa position dans le ciel, de plus en plus haut au fur et à mesure qu'il avançait vers le nord.
Si se positionner de jour devient possible grâce aux différents cadrans solaires, l'invention de la boussole, dès la période antique en Chine et vers la fin du XIIe siècle en Europe, permit ensuite de conforter avec précision une direction sans se référer à l'heure. Les instruments rudimentaires remontent au IVe siècle avant notre ère, la première mention d'une boussole destinée à la navigation date, elle, de 1117-1119.

Le quadrant permettait de mesurer la hauteur du Soleil. Il fallait être deux pour s'en servir: l'un visait l'astre, l'autre lisait la hauteur indiquée par le fil à plomb.

LE CALCUL DE LA LATITUDE

Positionner son navire sur une latitude revient à mesurer la hauteur d'un astre dans le ciel à une heure donnée, c'est-à-dire l'angle formé par l'horizon et la hauteur du Soleil ou de l'Étoile polaire à son zénith.

C'est avec un simple bâton de Jacob au XIVe siècle, puis un quadrant, dont se servit certainement Diaz, ou un astrolabe, comme le fit Colomb, que cette mesure se faisait durant les premières grandes explorations. Le quadrant de Davis permit dès 1595 de mesurer la hauteur du Soleil sans se positionner face à lui grâce à un système de miroirs; tout en optimisant la précision, il évite d'être ébloui.

Il suffisait ensuite de résoudre un «simple» problème de trigonométrie, tâche que les navigateurs et astronomes simplifieront en établissant des éphémérides, des tables donnant une latitude en fonction de la date et de la hauteur par rapport à l'horizon de l'astre repéré.

Le quadrant de Davis porte le nom de ce navigateur anglais (1550-1607) qui a tenté de trouver le passage du Nord-Ouest.

Bâton de Jacob inventé par Levi Ben Gerson au XIVe siècle et adopté pour la navigation au XVIe siècle.

L'astrolabe nautique, dérivé de l'astrolabe astronomique inventé par Hipparque vers 150 av. J.-C., est utilisé à partir du XVe siècle pour mesurer la hauteur du Soleil au-dessus de l'horizon.

Cadran solaire équatorial portatif : il daterait de la fin du XVIe siècle. Sa construction permet de maintenir le gnomon toujours parallèle à l'axe de la Terre, quelle que soit la latitude à laquelle se trouve l'observateur.

LE CALCUL DE LA LONGITUDE

Connaître la position du navire entre les pôles et l'équateur, sa latitude, ne pose plus de problème insurmontable à partir de la fin du XIVe siècle. La mesure de la longitude sera plus longue et plus hasardeuse puisqu'elle nécessitait une connaissance précise de l'heure.

Une première approche était théoriquement possible en combinant le cadran solaire et la boussole: le cadran équatorial permettait de mesurer l'angle du Soleil par rapport à l'horizon en fonction de l'heure mais avec une précision encore toute relative. Il fallut attendre le début du XVIIIe siècle, et notamment l'invention de l'octant dans les années 1730, pour que les avancées dans ce domaine soient véritablement significatives.

L'anneau équinoxial universel, invention attribuée au mathématicien anglais William Oughtred (1575-1660), permet de connaître l'heure solaire.

LES LUMIÈRES OU LE TEMPS DES EXPLORATIONS SCIENTIFIQUES

WILLEM JANSZOON ET LE *DUYFKEN*

LA HOLLANDE CONQUÉRANTE

Depuis la fin du XVe siècle, le monde est partagé entre les deux grandes puissances maritimes de l'époque, l'Espagne et le Portugal, qui détiennent ainsi le monopole fructueux du commerce des épices. Les Français, avec Jacques Cartier, et les Anglais, avec Francis Drake, ont, les premiers, essayé de contrarier cette exclusivité. À la fin du XVIe siècle et au tout début du XVIIe, c'est au tour des Hollandais de se libérer du joug espagnol : en pleine guerre de Quatre-Vingts Ans (1568-1648), la partie septentrionale des Pays-Bas établit les Provinces-Unies en 1579, et les Hollandais commencent à défier leur ancien occupant qu'est l'Espagne en s'aventurant toujours plus loin sur les mers.

PREMIÈRES TENTATIVES

Ils montent en 1595 une première expédition de quatre navires dont le *Duyfken*, qui part de l'île néerlandaise de Texel et parvient l'année suivante à Bantam (aujourd'hui Banten) sur l'île de Java, avant d'être stoppée par les insulaires, les pirates et la mousson ; après deux ans de voyage, seuls trois navires reviennent à Texel. Mais le chemin est tracé et le *Duyfken*, petit navire de 60 tonneaux, repart en 1601 avec un convoi de cinq bâtiments, direction Bantam, où les attend une escadre portugaise, fermement déterminée à les empêcher d'accoster. De la bataille navale qui s'ensuivit, on retiendra qu'elle fut farouche et longue et qu'elle se solda par la victoire des Hollandais début 1602. Cet événement marque la naissance de la Compagnie hollandaise des Indes orientales et la fin du monopole hispano-portugais sur la route des épices.

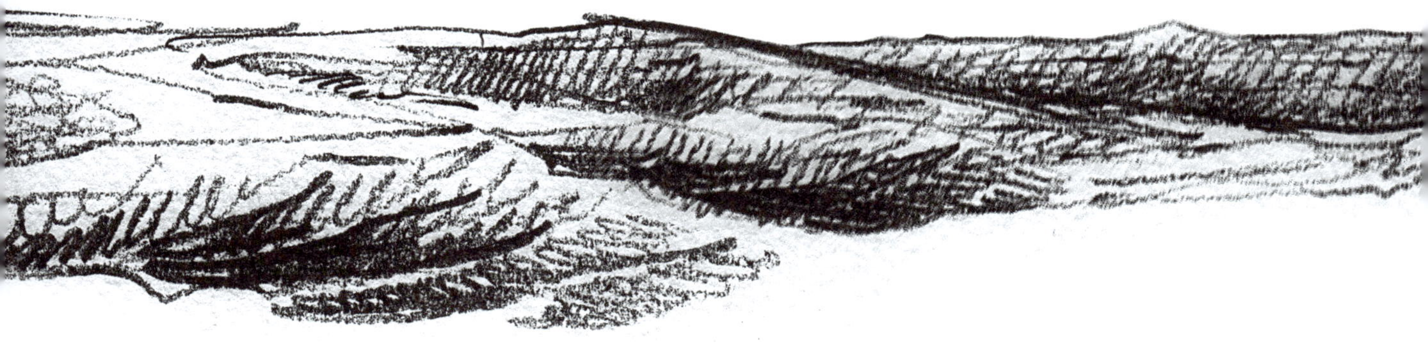

Le Duyfken, *construit en 1595, mesurait un peu plus de 25 mètres de long hors tout (20 mètres à la flottaison environ) sur 6 de large. Il devait avancer à la vitesse moyenne de 7 nœuds.*

TERRA AUSTRALIS INCOGNITA

L'exploration de ces régions devient alors moins risquée pour les Hollandais : ils savent désormais où aller, que ces contrées sont faites d'innombrables îles et que chacun pourrait y avoir sa place. Lors de son troisième voyage, le 26 février 1606, le *Duyfken* commandé par Willem Janszoon devient le premier navire européen à toucher les côtes de la *Terra Australis Incognita* après avoir exploré l'année précédente celles de la Nouvelle-Guinée, « le pays mythique de l'or et des épices ». D'autres Hollandais lui succéderont, dont Dirk Hartog à bord du *Eendracht* en 1616 et Francisco Pelsaert qui échoue son navire, le *Batavia*, à 60 milles environ des côtes australiennes en juin 1629 ; enfin, Abel Tasman effectuera deux voyages sur et autour de ce continent (1642-1643 et 1644) qu'il nommera la Nouvelle-Hollande, découvrant notamment en 1642 au sud-est de l'Australie la Tasmanie, une grande île qui tire son nom du sien.

Le Batavia *fut l'un des navires de la flotte de la Compagnie néerlandaise des Indes orientales. Il fit naufrage le 4 juin 1629 au large des côtes occidentales de l'Australie, non loin de l'actuelle ville de Geraldton.*

WILLIAM DAMPIER ET LE *ROEBUCK*

À la fin du XVIIe siècle, l'Angleterre acquiert une plus grande maîtrise des océans au détriment de l'Espagne et s'intéresse désormais de plus en plus au Pacifique et à ce fameux continent austral découvert par les Hollandais : la Nouvelle-Hollande ou Australie.

William Dampier (1652-1715), navigateur anglais, auteur de Voyage autour du monde, a donné son nom à un détroit de Nouvelle-Guinée.

BOURLINGUEUR ET ÉCRIVAIN

Entré dans la marine vers l'âge de 16 ans en 1669, William Dampier séjourne en Jamaïque, parcourt les mers du Sud et des Antilles comme flibustier, le Pacifique jusqu'aux Philippines, le Tonkin, Sumatra, la mer Rouge comme pirate… Ce bourlingueur publie deux ouvrages sur ses aventures en 1697 et 1699, et se fait également remarquer par ses connaissances géographiques et son traité sur les vents et courants.

À la suite de sa première publication, le premier lord de l'Amirauté britannique, le comte d'Oxford, le charge d'aller reconnaître les côtes de Nouvelle-Hollande. On lui confie le *Roebuck* pour mener à bien cette mission qui débute en janvier 1699.

Expédition du Roebuck *en Australie et Nouvelle-Guinée.*

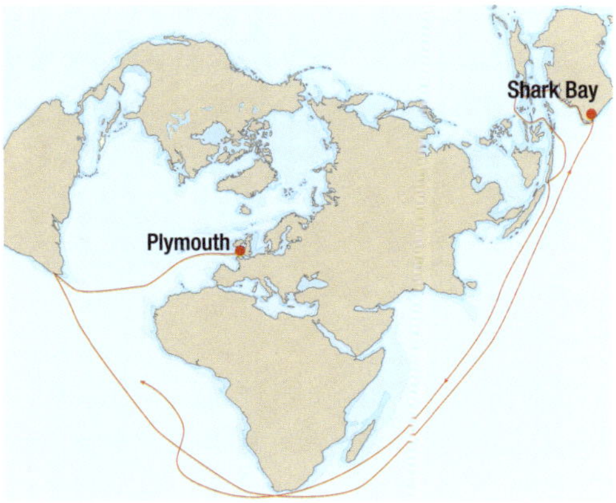

CAP SUR L'AUSTRALIE

Arrivé le 7 août 1699 à Shark Bay (la «baie du requin»), il suit et relève les côtes du continent austral jusqu'en septembre de la même année. Malheureusement, il ne trouve aucun endroit où faire aiguade et se voit contraint de mettre le cap au nord, vers l'île de Timor. Il n'en décrit pas moins les côtes entre le Timor et la Nouvelle-Guinée en naviguant vers l'est, avant de faire demi-tour direction l'Angleterre.

Malheureusement, en février 1701, il fait naufrage sur l'île de l'Ascension dans l'Atlantique Sud; il réussit cependant à sauver une grande partie de son travail de cartographie. La discipline maritime anglaise à l'époque est telle qu'un capitaine est responsable de son navire, et le perdre est passible de la cour martiale. Il sera donc traduit devant la justice de l'Amirauté et, jugé indigne d'un commandement anglais, il retournera un temps en mer comme corsaire, mais ses dernières aventures seront désastreuses et il rentrera en Angleterre en 1707. Il embarquera encore une fois comme pilote sur un bateau corsaire et naviguera jusqu'en 1711, étant le premier à voguer trois fois autour du monde.

LOUIS-ANTOINE DE BOUGAINVILLE ET *LA BOUDEUSE*

NOUVEAU « PARTAGE » DU MONDE

Nous sommes au siècle des Lumières, les principaux pays d'Europe ont désormais établi des comptoirs aux Indes et en Asie, la construction navale a fait d'énormes progrès et les navires sont de plus en plus grands. En effet, afin de rentabiliser un voyage qui reste très long, il convient non seulement de naviguer en convoi, mais également de transporter davantage de marchandises à chaque trajet.

Presque tous les grands pays européens ont désormais des comptoirs en Orient. Il reste sur la route des Indes un continent à se partager : l'Amérique. Or la France est en train de perdre pied en Amérique du Nord : la guerre de Sept Ans (1756-1763) s'est conclue par l'abandon du Canada et de la Nouvelle-France aux Anglais, et il ne lui reste que les Antilles et Saint-Pierre-et-Miquelon. Afin de se ménager des escales sur la route des Indes, Bougainville propose un temps d'installer les colons acadiens chassés par les Anglais aux Malouines, mais les Espagnols revendiquant ce territoire, l'idée est abandonnée sur ordre d'Étienne-François de Choiseul, secrétaire d'État aux Affaires étrangères, à la Guerre et à la Marine.

LES PRÉPARATIFS ET LA MISSION

Choiseul et Bougainville décident alors d'une expédition autour du monde. L'idée est à la mode, à l'heure des travaux de l'*Encyclopédie* la soif de connaissance est grande. Les routes vers les Indes sont connues, mais le Pacifique reste un vaste territoire peu exploré et certaines îles sont encore à découvrir et à annexer.

L'expédition est décidée et montée, elle se composera de deux navires : *La Boudeuse* et *L'Étoile*. L'équipe scientifique comprend le naturaliste Philibert Commerson, l'astronome Pierre-Antoine Véron, qui améliorera durant ce voyage la méthode de calcul des longitudes, et le cartographe Charles Routier de Romainville. La mission du voyage fut clairement décrite et rédigée en quatre grands points :

- découverte de terres nouvelles et recherche dans ces régions de postes propices à la fondation de colonies destinées à contrebalancer les pertes subies pendant la guerre,
- ouverture d'une route nouvelle vers la Chine de manière à tenter de développer le commerce avec ce pays,

Vue en éclaté de La Boudeuse et de son chargement.

▶ *À bord de* La Boudeuse. *Au centre, derrière le barreur, le naturaliste Philibert Commerson triant et classant ses échantillons.*

– contrôle des longitudes et des latitudes des terres déjà découvertes,
– recherche de plans d'épices pour l'Isle de France, autrement dit l'île Maurice.
Ce document fut soigneusement rédigé et signé par le roi Louis XV et son ministre Choiseul.

LES NAVIRES DE L'EXPÉDITION

La Boudeuse est une frégate toute neuve de 40,60 mètres de long, armée de trente-deux canons dont vingt-six de 12 livres, avec deux cent soixante hommes d'équipage. Elle a été construite à Nantes avec deux autres frégates identiques, *L'Indiscrète* et *La Sensible*. Bougainville a fait aménager à l'arrière une dunette pour accueillir le capitaine et son second.

Elle part de Saint-Malo le 15 novembre 1766 vers Montevideo puis Rio de Janeiro, où Bougainville attendra le second vaisseau de l'expédition, la flûte *L'Étoile*, leur «navire de soutien» qui est un ancien bateau marchand construit en 1759, également à Nantes. Pour des raisons techniques et d'avitaillement, *L'Étoile* ne part de Rochefort qu'en février 1767 avec cent vingt hommes à bord.

MOISSON SCIENTIFIQUE

Une fois au complet, la flottille prend la route vers le cap Horn et les observations scientifiques et ethnologiques commencent au passage du détroit de Magellan. Les savants de l'expédition n'auront de cesse au fur et à mesure de leur voyage de noter, dessiner, décrire la faune et la flore, recueillir des échantillons tant de plantes que de coquillages.

Après le retour à Saint-Malo le 16 mars 1769, le bilan politique et commercial du voyage est mince, mais il suscita tout de même un intérêt notable du point de vue de l'étude de l'histoire naturelle, et le récit qu'en publia Bougainville dans son *Voyage autour du monde* en mai 1771 fut un grand succès, de même que la réponse de Diderot à cet ouvrage: le *Supplément au voyage de Bougainville.*

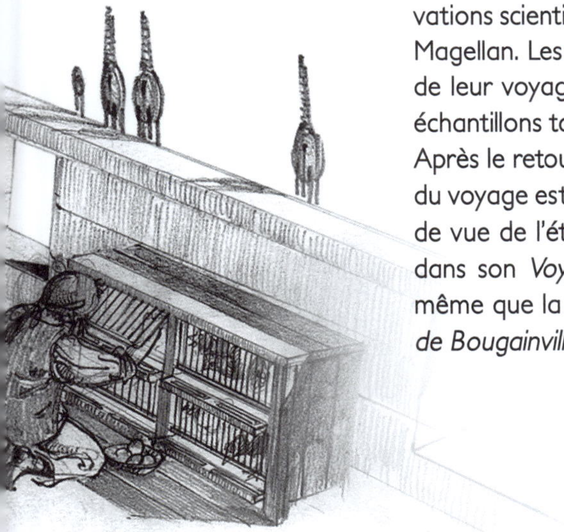

Juillet 1767, La Boudeuse *fait escale près de Rio de Janeiro pour attendre* L'Étoile. *C'est ici que Philibert Commerson découvre cet arbrisseau grimpant aux couleurs éblouissantes qu'il nommera* Bougainvillea *en hommage à Bougainville.*

JAMES COOK ET L'*ENDEAVOUR*

BOUGAINVILLE ET COOK RIVAUX ?

De la fin du XVIIe siècle au milieu du XVIIIe, l'ambition des Anglais est de rattraper le retard pris sur l'Espagne, le Portugal et même la France dans la colonisation du Nouveau Monde, et dans l'établissement de routes sûres vers les Indes et l'Orient. À cette époque, il faut être sur mer et en avoir la maîtrise. Obligeant les Français à chercher d'autres implantations pour leurs anciens colons acadiens après la prise du Canada, ils sont indirectement à l'origine du voyage de Bougainville, et du coup, prennent du retard dans les domaines scientifiques, tant astrologique, cartographique que naturaliste, trop occupés par leur installation en Amérique du Nord.

Lorsque la nouvelle du départ de Bougainville parvient en Angleterre, la Royal Society de Londres décide à son tour de monter une expédition dans le Pacifique, et l'Amirauté d'en confier le commandement à James Cook. C'est un jeune capitaine qui s'est fait remarquer par ses supérieurs pour son travail de cartographie des côtes de Terre-Neuve et de l'embouchure du Saint-Laurent, préparatoire à l'invasion du Canada sur ce front par les troupes anglaises.

7 octobre 1769 : l'Endeavour au mouillage à Poverty Bay sur la côte est de l'île du Nord de la Nouvelle-Zélande, non loin de la ville actuelle de Gisborne. Le nom que donna Cook à cette baie vient du fait qu'à l'exception de quelques plantes, il ne put réapprovisionner son navire en eau et en vivres.

Circumnavigation de James Cook entre 1768 et 1771.

LES DÉCOUVERTES DE L'*ENDEAVOUR*

Cook arme un ancien navire charbonnier, l'*Endeavour*, le transforme en navire d'exploration et réunit un équipage bien sûr, mais aussi une importante équipe de naturalistes, géographes, artistes et savants dépêchés par la Royal Society. Son premier voyage durera du 26 août 1768 au 12 juillet 1771. La mission officielle de cette expédition est de mener, à partir de l'île de Tahiti, une série de mesures pour calculer la distance séparant Vénus du Soleil. Malheureusement, les mesures faites ne donneront aucun résultat concluant. Mais la liste des découvertes après cette escale est longue, ainsi que celle des échantillons et dessins rapportés: mille espèces de plantes séchées en herbiers, autant de croquis et dessins réalisés par le naturaliste et botaniste Joseph Banks, exploration de la Nouvelle-Zélande, cartographie de la côte ouest de l'Australie... Pour les Australiens, James Cook reste le grand découvreur de leur pays. En faisant escale à Botany Bay le 29 avril 1770, il marque la prise de possession de ce territoire au nom de la Couronne anglaise: ici, sur les conseils de Joseph Banks, l'Angleterre allait choisir ce site pour y implanter sa première colonie en 1788. C'est là aussi que La Pérouse fera sa dernière escale et transmettra, par le biais des Anglais présents sur place, les ultimes notes reçues de son voyage.

NOUVELLES EXPÉDITIONS

Cook fera deux autres voyages: le premier en 1772-1775 sur le *Resolution* (avec *l'Adventure*), au cours duquel il testera une toute nouvelle horloge permettant un calcul précis de la longitude, le deuxième en 1776-1779 pour un troisième tour du monde, à bord du même bateau accompagné du *Discovery*. Malheureusement, attaqué par les Hawaïens, Cook est battu à mort le 14 février 1779.

Poupe ventrue de l'Endeavour, un ancien navire charbonnier.

LA BOUSSOLE DE LA PÉROUSE

Six mois pour tout préparer et plus d'un million de livres, ce furent le temps et l'argent nécessaires pour organiser l'expédition scientifique française la plus ambitieuse de l'époque. Pour donner un ordre de grandeur, la somme investie par l'État représenterait aujourd'hui plus de douze millions d'euros. Nous sommes en 1785 et Louis XVI ne veut pas se laisser dépasser par l'Angleterre: James Cook est mort six ans plus tôt pendant son troisième voyage d'exploration dans le Pacifique et il reste une très large part de cet océan à découvrir.

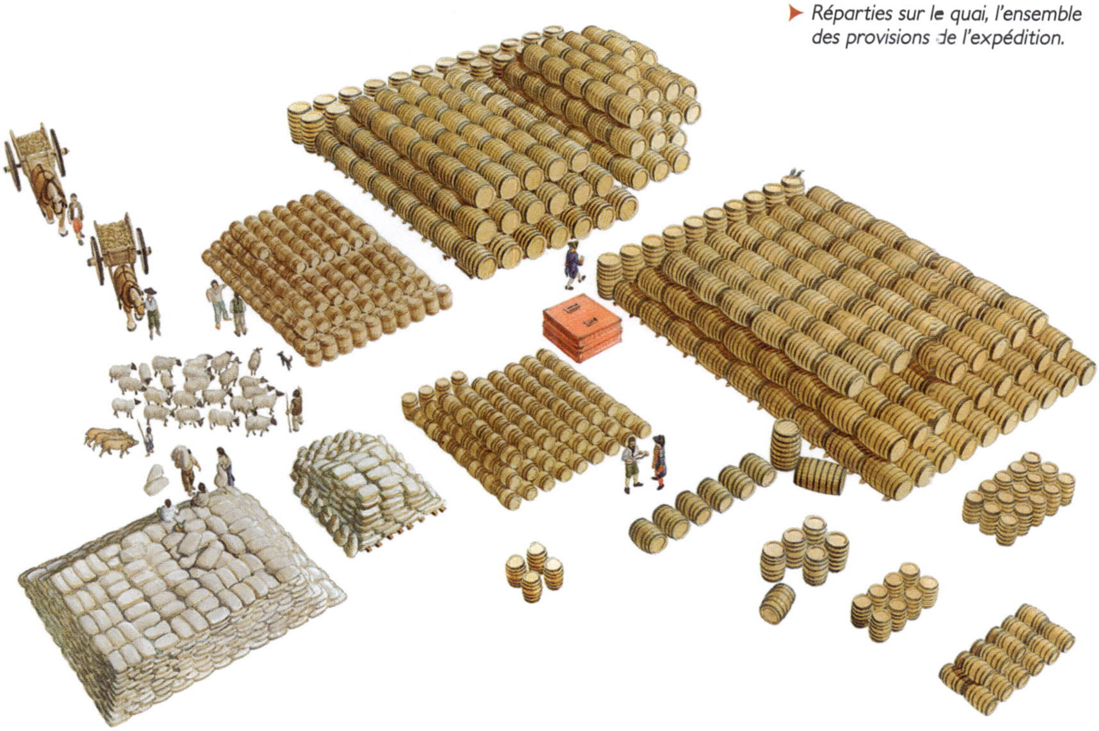

Réparties sur le quai, l'ensemble des provisions de l'expédition.

SIX MOIS DE PRÉPARATION

C'est le capitaine de vaisseau Jean-François de La Pérouse que le roi a choisi pour mener cette expédition. Charge à lui de préparer les bateaux et d'en assurer l'avitaillement. L'Académie des sciences, de son côté, a dressé la liste des savants qui pourraient faire partie du voyage et récapitulé les questions scientifiques à résoudre.

Pour cette expédition, La Pérouse choisit deux flûtes, vaisseaux de charge à trois mâts, *Le Portefaix* et *L'Autruche*. Ces bateaux sont certes moins rapides et moins prestigieux que le seraient deux frégates, mais ils ont une grande capacité – 500 tonneaux environ, plus de 40 mètres de long – et une très bonne tenue à la mer. Il a été décidé de doubler la coque, à l'image des vaisseaux de la Compagnie des Indes, afin de leur assurer une meilleure robustesse. Ces deux bâtiments sont préparés à Rochefort et Brest, l'avitaillement se fera dans le port breton, point de départ de l'expédition.

Leur aménagement a été particulièrement soigné et étudié, une dunette a été ajoutée pour le capitaine de chacun d'eux, les logements de l'état-major étant affectés aux scientifiques (voir aussi p. 122-123). Il subsiste peu de place pour le reste de l'équipage vu les quantités de provisions et de matériaux nécessaires à l'entretien et à la réparation éventuelle : bétail vivant, poules, vaches, moutons, bois, toile à voile, sans compter tous les bibelots et plantes

La grand'chambre de La Boussole *a été réaménagée pour accueillir l'équipe scientifique de l'expédition.*

La Boussole, *anciennement* Le Portefaix.
Les gabarres étaient des navires de charge, ventrus et lourds.
La coque des deux navires de l'expédition fut doublée pour les renforcer, les rendant encore plus lents.

destinés aux échanges avec les peuples à rencontrer. Chaque scientifique emporte ses instruments et sa bibliothèque. De nouveaux instruments de mesure dont des horloges seront testés, deux moulins en pièces détachées sont également emmenés. Bref, les cales sont pleines, l'entrepont est presque impraticable et le pont encombré de caisses et de ballots. On estime ainsi à près de 1000 tonnes le matériel ainsi embarqué. Alors qu'il faut trois cent cinquante hommes d'équipage pour faire fonctionner une frégate, seuls cent dix – savants, artistes et techniciens compris – monteront sur chaque navire.

CAP SUR LE PACIFIQUE

Le 1er août 1785, le vent se met enfin au nord-ouest et les deux navires désormais considérés comme des frégates et rebaptisés *La Boussole* et *L'Astrolabe*, prennent la mer direction le cap Horn et le Pacifique. Ils franchissent le cap Horn début 1786, font escale à l'île de Pâques en avril et remontent le long des côtes ouest du continent américain, jusqu'en Alaska. Ils explorent le Pacifique Nord, les côtes du Japon et s'arrêtent aux îles Sakhaline. Étape importante puisque c'est là que débarque Jean-Baptiste Barthélémy de Lesseps qui rapportera en France le récit de la première partie du voyage. La seule qui nous soit parvenue.

On sait ensuite qu'ils débarquèrent aux Samoa et aux Tonga avant une dernière étape à Botany Bay, au sud de l'Australie. Partis vers les îles Salomon, ils firent naufrage à Vanikoro en 1788.

On en connaît un peu plus sur ce naufrage grâce aux dernières campagnes de fouilles (2003, 2005 et 2008) menées sur les épaves, mais il reste bien des choses à éclaircir sur ses circonstances et la survie d'éventuels rescapés.

1788 : tempête à l'approche de l'île de Vanikoro.

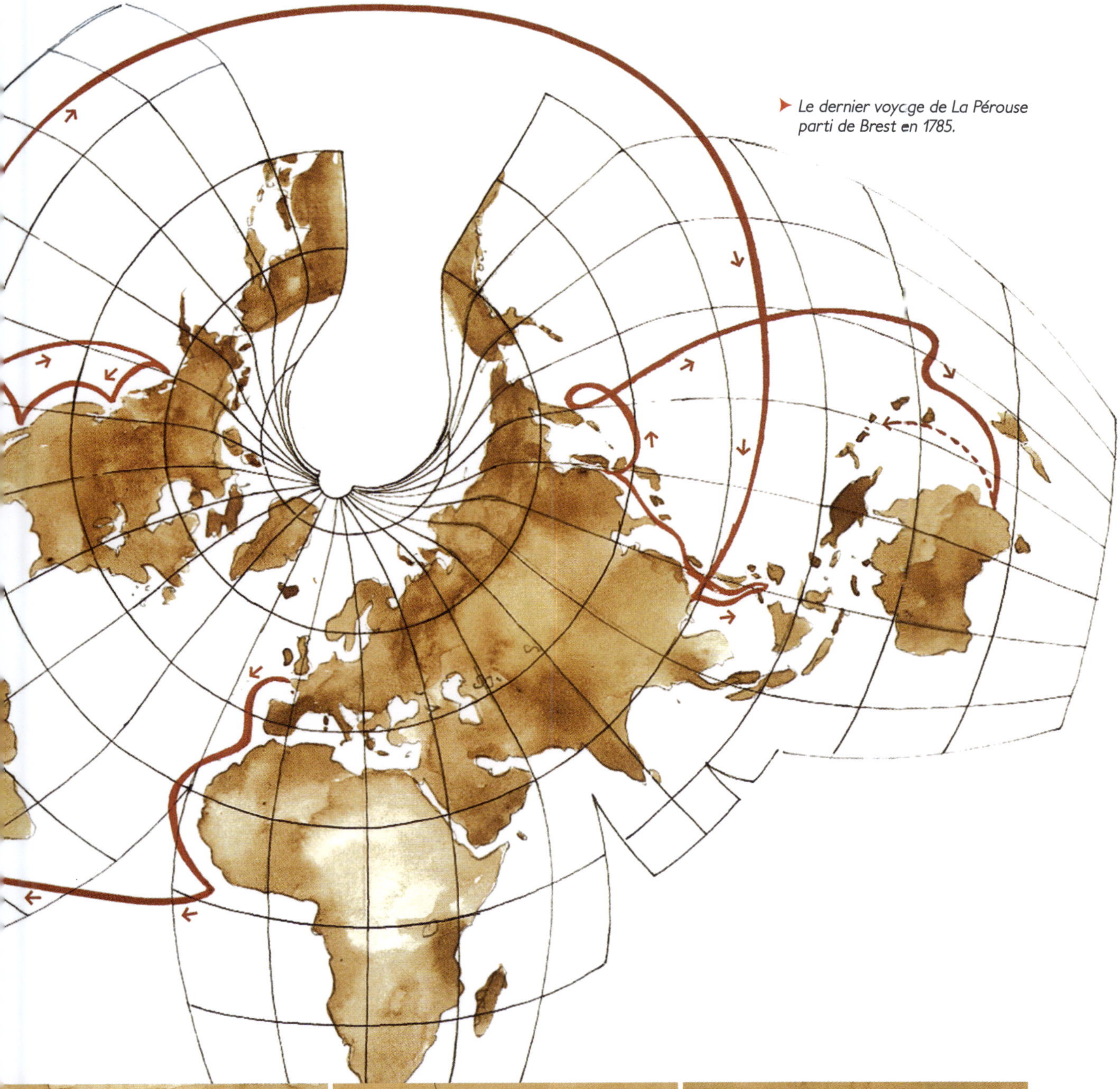

Le dernier voyage de La Pérouse parti de Brest en 1785.

L'Astrolabe *de Dumont d'Urville.*

DES NOUVELLES DE LA PÉROUSE ?

Louis XVI, à la veille de son exécution le 21 janvier 1793, aurait demandé des nouvelles de La Pérouse, mais personne ne lui aurait répondu. Il a bien envoyé, en 1791, Antoine Bruny d'Entrecasteaux à sa recherche, mais celui-ci n'a rien trouvé, même s'il a croisé au large de l'île de Vanikoro, hélas, sans pouvoir y faire escale.

Il faudra attendre 1826 pour que l'on commence à situer le lieu de la disparition des bateaux de La Pérouse. Cette année-là, en effet, le navigateur anglais Peter Dillon s'étonne de la présence sur l'île de Tucopia dans l'archipel des îles Salomon d'une garde d'épée d'officier fabriquée à Brest et en déduit qu'il est probable que des navires français aient fait naufrage sur l'île voisine de Vanikoro.

Dumont d'Urville tentera à deux reprises de découvrir le lieu du naufrage. La seconde fois sera la bonne. Il commande alors *La Coquille*, une frégate de 400 tonneaux rebaptisée *L'Astrolabe*, partie en expédition spécialement sur les traces de La Pérouse entre 1826 et 1829. En suivant les indications de Peter Dillon et les résultats de ses précédentes investigations, *L'Astrolabe* mouille au large de l'île de Vanikoro. En explorant le lagon, les marins découvrent assez vite des objets – canons, boulets et ancres – incrustés dans le corail, éléments qui ne peuvent que provenir des frégates disparues quarante ans plus tôt.

Grâce à Peter Dillon et Dumont d'Urville, il devient possible de commencer à écrire la fin de l'histoire de La Pérouse.

PETITE HISTOIRE DES INSTRUMENTS DE NAVIGATION (SUITE)

À l'époque des grandes explorations du Pacifique, les voyages de Cook, La Pérouse et de tous leurs homologues sont autant d'occasions pour les géographes et les astronomes d'expérimenter et d'améliorer les instruments de mesure.

LA LATITUDE SANS REGARDER DIRECTEMENT LE SOLEIL

Même si désormais la mesure de la latitude est une opération routinière, elle devient plus précise grâce d'abord au quart de Hadley puis grâce à l'octant et enfin au sextant. Il s'agit toujours de calculer la hauteur de l'astre solaire par rapport à l'horizon à une heure donnée. Mais l'observateur ne regarde plus directement le Soleil, mais son reflet filtré au travers de verres fumés. À l'aide de l'octant comme du sextant, la mesure se fait en visant l'horizon et en orientant un petit miroir mobile de manière à aligner le reflet du Soleil au niveau de l'horizon. L'élévation de l'astre est ensuite mesurée sur l'arc gradué de l'instrument.

Le sextant. L'observateur regarde l'horizon et oriente le miroir à l'aide de l'alidade pour « amener » le reflet du Soleil au niveau de l'horizon.

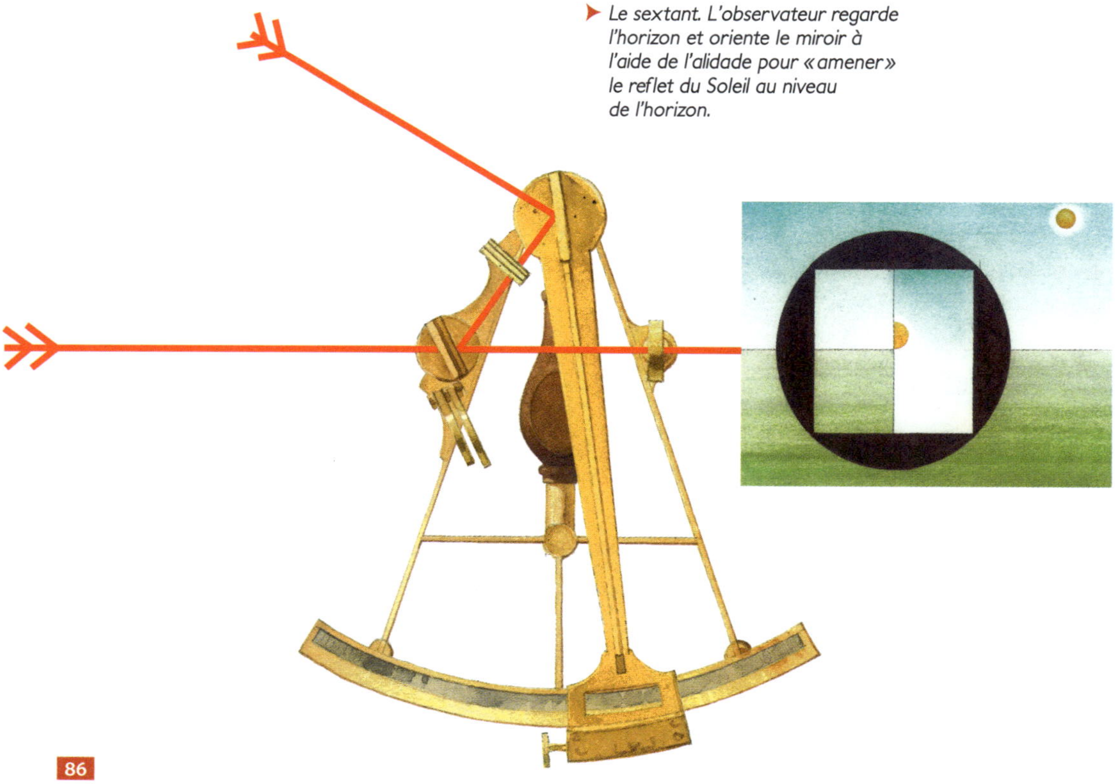

Quart de Hadley.

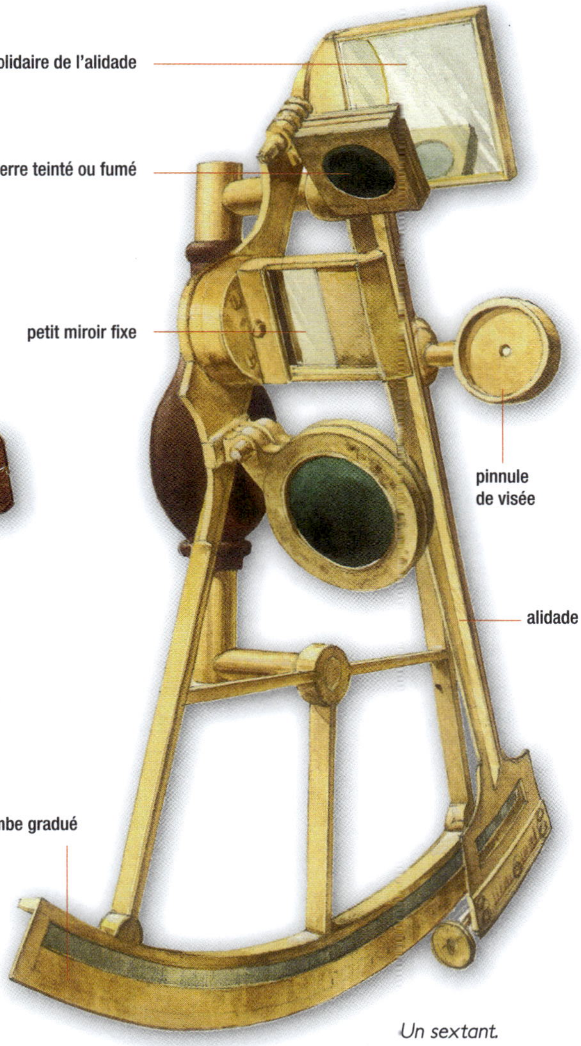

Un sextant.

LA LONGITUDE EN MESURANT L'HEURE

Grâce à une meilleure connaissance de la dimension du globe terrestre à partir du XVIIe siècle, les astronomes et géographes sont capables de donner une dimension aux fuseaux horaires.

Le globe est alors quadrillé avec précision en parallèles du nord au sud, et en méridiens d'est en ouest, avec un point d'origine propre à chaque pays: le méridien de Cadix, de Paris, de Londres... Les États, finalement, s'accordèrent en octobre 1884 sur celui de Greenwich.

Le reste est un travail d'horloger (améliorer la précision et la fiabilité des horloges) et le résultat d'une simple soustraction: calculer l'écart de temps entre l'heure de référence – celle du méridien d'origine – et l'heure solaire de l'endroit où se trouve le bateau.

DU *BEAGLE* À *TARA* : L'EXPLORATION CONTINUE

SPRAY
BOSTON

CHARLES DARWIN ET LE NOUVEAU VOYAGE DU *BEAGLE*

EMBARQUEMENT IMMÉDIAT

Charles Darwin a 22 ans et le mal de mer. Il a réussi non sans mal à obtenir de son père, financier de l'expédition, la permission d'embarquer en tant qu'accompagnateur pour le second voyage du *Beagle* du capitaine Robert FitzRoy. Le *Beagle* est une corvette de la Navy lancée en 1820, qui a été transformée en navire de recherche en 1825. Partie d'Angleterre à Plymouth le 27 décembre 1831, l'expédition a pour objectif premier la cartographie des côtes d'Amérique du Sud. Outre sa mission géographique, le capitaine souhaite aussi apporter aux populations du Nouveau Monde les lumières du christianisme.

Le Beagle *à l'approche des Galápagos (d'après John Chancellor).*

Les opérations durent près de quatre années durant lesquelles FitzRoy mène des travaux de tout premier ordre dans les domaines de la cartographie, de l'hydrographie et de la météorologie. Fin 1835, le *Beagle* quittera l'Amérique du Sud et son périple passera encore par les îles de la Société dont Tahiti, la Nouvelle-Zélande, l'Australie, le cap de Bonne-Espérance en Afrique, avant de remonter vers l'Angleterre qu'il retrouvera le 2 octobre 1836.

UN PASSAGER HORS DU COMMUN

Étudiant en sciences naturelles à Cambridge, Charles Darwin est un grand collectionneur au sens large du terme : il observe, décrit, compare et classe les nouvelles espèces qu'il recueille avant de les mettre dans l'alcool pour les conserver et de les expédier au muséum d'Histoire naturelle de Londres. À l'époque, être naturaliste est considéré plus comme un passe-temps qu'un métier et il souhaite, à tout prix et de manière obsessionnelle, faire ses preuves et montrer que cette passion est une science à part entière. Poussé par sa soif d'expliquer les choses, il est ce que l'on appelle un naturaliste philosophe.

LA THÉORIE DE L'ÉVOLUTION

Lors du voyage du *Beagle*, en observant un fossile trouvé un jour sur les côtes près de la baie de Rio, il constate des similitudes troublantes entre ces ossements et ceux d'espèces existantes à son époque. Il notera plus tard des différences (certes infimes) entre des espèces d'oiseaux d'une île à l'autre dans l'archipel des Galápagos, comme si chacune d'elles s'était adaptée à son milieu. Il fera le même constat en étudiant les populations primitives de la Terre de Feu.

Darwin en vient alors à s'interroger sur l'origine des espèces, sur leur évolution, leur adaptation aux milieux. Il explore ainsi non seulement de nouveaux territoires à bord du *Beagle* mais repousse aussi les limites qu'imposait la religion à la science : il était tabou de s'interroger sur l'origine du monde et des espèces ; ces choses étaient réservées à la révélation divine. Darwin en vient à se dire que, finalement, l'homme n'est peut-être qu'une espèce animale de plus sur terre. En d'autres temps, il aurait été considéré comme hérétique !

Comprendre l'évolution devient son angoisse perpétuelle, son obsession. Est-ce le climat tropical ou le stress ? Toujours est-il que la fièvre qui l'habite ne le quittera vraiment qu'au jour de la publication de son ouvrage sur la théorie de l'évolution, *L'Origine des espèces* (1859).

LE *SPRAY* DE SLOCUM OU LE PREMIER TOUR DU MONDE EN SOLITAIRE

LA FIN DES GRANDS VOILIERS ?

« Si le *Spray* n'a rien découvert au cours de son voyage, c'est parce qu'il n'y a sans doute plus rien à découvrir maintenant ; d'ailleurs il ne cherchait aucun nouveau continent » dit lui-même Joshua Slocum dans son livre *Seul autour du monde sur un voilier de 11 mètres* (1900). Mais alors, qu'est donc parti faire ce Canadien à bord de ce voilier ?

Nous sommes à la fin du XIXe siècle et la marine de commerce est en train de subir un profond bouleversement : la propulsion à vapeur remplace petit à petit mais inexorablement la traction à voile. Le capitaine Joshua Slocum a du mal à s'y résoudre. Ce fils de marin né en 1844 a commencé à naviguer contre le gré de son père dès l'âge de 14 ans, tour à tour mousse à bord d'un morutier, matelot sur des long-courriers, puis charpentier de marine à Manille. Il acquiert son premier bateau – et son premier commandement – en 1876 ou 1877. Il assurera le transport de bois, puis de charbon, de sucre ou de chanvre…

À la suite d'une série de voyages catastrophiques entre les États-Unis et l'Asie, il se voit contraint, lui et sa famille, de revendre le dernier long-courrier qu'il commandait après un échouage sur un banc de sable, fin 1887 au Brésil. C'est là qu'il séjourne quelque temps pour entreprendre sa première grande aventure sur un petit voilier, le *Liberdade*, construit avec sa femme Henrietta et ses fils Victor et Garfield : à peine 10 mètres de long sur 2,30 mètres de large. Le bateau achevé, ils mettront cinquante-trois jours en 1889 à remonter les côtes du continent américain jusqu'à New York puis Boston. Mais notre héros se retrouve quasiment sur la paille, incapable de faire vivre les siens qui retournent dans la ferme familiale.

LA MÉTAMORPHOSE D'UN DRAGUEUR D'HUÎTRES

En 1892, alors qu'il est seul et sans travail, un ami, Eben Pierce, lui offre plus qu'une planche de salut : un dragueur d'huîtres du Massachussetts presque à l'état d'épave. Joshua Slocum va le réparer et aménager en treize mois de travail acharné ce qui deviendra le *Spray*. Le petit cotre comporte une grande cabine à l'arrière dont Joshua fait son principal lieu de vie : la descente sur tribord arrière donne accès à la cabine éclairée par deux petits hublots ronds. La couchette est sur tribord, une table à cartes à l'avant. La couchette de bâbord devient un espace de rangement et, de part et d'autre

Le Spray après les changements de gréement opérés par Joshua Slocum : de sloop (à un seul mât), son navire est devenu un yawl.

de la table à cartes, Slocum installe une bibliothèque pour son journal de bord et ses livres. La cabine avant sert de cuisine, Joshua y a transformé un bidon métallique en poêle. Le plan de travail et l'évier se situent sur bâbord. Entre les deux cabines, sous le pont: la réserve d'eau. Sous le pont avant, la cabine double fait office de réserve. La moindre place disponible est ainsi occupée et aménagée.

SEUL AUTOUR DU MONDE

Joshua Slocum s'essaiera sans réussite à la pêche avec le *Spray*, mais le succès et la réédition du récit du voyage du *Liberdade* lui donnent des idées d'aventure autour du monde et d'écriture. Ayant exposé son projet et négocié avec la presse la publication de ses carnets de voyage, il quitte Boston le 24 avril 1895, passe quelques semaines en Nouvelle-Écosse, enfin prend le large le 3 juillet 1895 près d'Halifax.

Il lui faudra trois longues années pour parcourir le monde à bord de ce cotre de 11,20 mètres de long sur 4,32 mètres de large pour 1,35 mètre de tirant d'eau et presque 13 tonneaux de déplacement. Il commence par traverser l'Atlantique, atteint Gibraltar le 4 août, avant de prendre la direction du cap Horn. Après le passage du détroit de Magellan, il modifie le gréement de son bateau en y ajoutant un mât de tapecul et en raccourcissant le beaupré, le transformant ainsi en yawl.

Selon le temps, il lui arrivera de prolonger le bout-dehors d'un bambou pour y gréer un petit foc volant et gagner ainsi des mètres carrés de toile et accélérer de quelques dixièmes de nœuds.

S'ensuit la traversée du Pacifique presque sans escale. Il parvient en Australie en octobre 1896, passe six mois le long des côtes australiennes avant de reprendre son voyage à travers l'océan Indien. Il atteint l'île Maurice en septembre 1897, puis l'Afrique du Sud au mois de novembre. Il rejoindra les États-Unis et Newport le 27 juin 1898 après avoir parcouru plus de 46 000 milles, réalisant ainsi le premier tour du monde en solitaire de l'histoire de la voile.

SPRAY
BOSTON

FRIDTJOF NANSEN ET LE *FRAM*

L'ENSEIGNEMENT DU *JEANNETTE*

S'il est un endroit en plein océan et malgré tout impossible d'accès pour un navire, c'est bien le pôle Nord. En 1879, l'expédition du *Jeannette* a bien tenté la chose, se laissant prendre par les glaces et dériver avec elles pendant près de deux ans. Mais le navire n'était pas conçu pour cela et a fini par littéralement imploser sous la pression du pack. Ceci dit, la découverte des débris du *Jeannette* non loin du Groenland en 1884, alors que le navire a été écrasé au large des îles de Nouvelle-Sibérie, apportait la preuve de la dérive des glaces sous l'effet du courant arctique.

LA CONCEPTION DU *FRAM*

Fort de cette confirmation, Fridtjof Nansen conçoit, dans les années 1890, avec l'architecte naval Colin Archer, un navire capable, par ses formes, de se laisser soulever par les glaces: robuste mais suffisamment léger pour conserver une certaine navigabilité, il doit également avoir une grande capacité de stockage. Nansen crée ainsi un navire trapu de 39 mètres de long pour 10,40 mètres de large, dont les murailles (parties latérales) atteignent presque 80 centimètres d'épaisseur! Son gréement en goélette est doublé d'une machine auxiliaire fonctionnant au charbon. L'architecte renforce également l'étrave et l'étambot et conçoit un système permettant de relever l'hélice et le gouvernail avant qu'ils ne soient pris par les glaces.

La lente dérive du Fram *pris dans les glaces du pôle.*

Le Fram a été sauvé et restauré. Il se visite depuis 1936 dans le musée qui lui est consacré à Oslo.

Coupe transversale du Fram *montrant l'épaisseur des bordés.*

En rouge, le voyage du Fram.
En bleu, le parcours à pied de Nansen.

L'ÉQUIPAGE

Le *Fram* quitte Vardø le 21 juillet 1893 avec douze hommes à son bord, douze marins que Nansen choisit avec le plus grand soin et la plus grande rigueur: l'expédition promet d'être longue et, outre les compétences professionnelles de chacun, il souhaite s'entourer d'équipiers capables de vivre ensemble plusieurs mois. Il délègue le capitanat à Otto Sverdrup.

L'EXPÉDITION

Elle dure trois longues années. Le navire longe les côtes de Russie avant de se laisser prendre par les glaces et dériver lentement à partir du mois de septembre 1893. Au plus près du pôle, en mars 1895, Nansen quitte le navire avec un compagnon pour tenter de rejoindre le pôle en traîneau et à skis. Ils n'y parviendront pas à cause des conditions climatiques mais finiront par rejoindre la Norvège quinze mois plus tard. Le *Fram*, quant à lui, confié aux soins d'Otto Sverdrup, réussit à sortir des glaces à l'été 1896, non loin du Spitzberg. Chacun de son côté, Nansen et le navire auront donc retrouvé la Norvège presque au même moment!

ERNEST SHACKLETON ET L'*ENDURANCE*

Pour Ernest Shackleton, ce sera le troisième voyage en Antarctique. Nous sommes en 1914, et il fut, jusqu'à Roald Amundsen en 1911, l'homme le plus proche du pôle Sud. Ce point ayant donc été atteint par le Norvégien, Shackleton se propose d'être le premier à réaliser la traversée du continent.

L'ACHAT DE L'*ENDURANCE*

Les précédentes tentatives ayant échoué par manque de vivres, Shackleton imagine de faire déposer non loin de son point d'arrivée prévu un stock de nourriture ; il est donc en quête de deux navires capables de naviguer dans le pack, la mer de glace qui borde le continent polaire.

Le premier, l'*Endurance*, conduira les principaux protagonistes dont Shackleton à leur point de départ en mer de Weddell au nord du continent, alors que le second, l'*Aurora*, abordera par le sud en mer de Ross en faisant des dépôts de vivres sur l'itinéraire que les explorateurs sont censés emprunter jusqu'à l'arrivée de la traversée.

Portant alors le nom de *Polaris*, l'*Endurance* a été construit en Norvège en 1912 dans un chantier naval spécialisé dans les bâtiments destinés à la pêche à la baleine ou à la navigation dans les régions polaires.

Les commanditaires de ce bateau étaient deux entrepreneurs qui souhaitaient organiser des voyages polaires pour les riches touristes désireux d'aller chasser l'ours blanc. En quelque sorte, les précurseurs du tourisme extrême. Mais l'un d'eux fit faillite et le bateau fut mis en vente.

Il avait été conçu avec le même soin apporté à la construction du *Fram* de Fridtjof Nansen : 43,9 mètres de long, 7,60 mètres de large, une quille surdimensionnée, une charpente deux fois plus épaisse que celle des autres navires du même tonnage et une étrave destinée à se frayer un passage dans un pack peu épais. Il avait un gréement similaire à celui du *Fram* afin de pouvoir être manœuvré avec un équipage réduit ; sa voilure était complétée par un puissant moteur capable de mener ce bateau à plus de 10 nœuds.

Ernest Shackleton rachète donc ce navire et le rebaptise *Endurance*, un rappel de sa devise familiale *Fortitudine vincimus*, qui signifie en français : « Nous conquérons par l'endurance. »

L'EXPÉDITION TOURNE AU DRAME

L'expédition est prête, mais depuis le 28 juin 1914, les événements se précipitent en Europe, la Première Guerre mondiale éclate et Churchill donne l'ordre à l'*Endurance* d'appareiller et de quitter Plymouth. Shackleton n'a d'autre choix que de précipiter son départ le 8 août 1914. Il atteint les limites du pack antarctique à la fin de l'année et la latitude 78° sud à la mi-janvier après une progression lente et irrégulière dans un pack de plus en plus épais et difficile.

Le 19 janvier 1915, le navire est totalement bloqué par les glaces, rien ne pourra l'en sortir et l'une de ses différences majeures avec le *Fram* lui sera fatale : la forme de sa coque. Alors que le bateau de Nansen avait été conçu pour une dérive volontaire avec les glaces (sa forme arrondie permettait au bateau d'être soulevé par la force de pression de la banquise), ce n'est pas le cas de l'*Endurance*. Le 24 octobre 1915, la banquise fait éclater le bordage et le navire commence à prendre l'eau. Aux dires des marins rescapés, le bruit du bois broyé par les glaces était effroyable… L'ordre d'évacuer est donné trois jours plus tard et, le 21 novembre 1915, l'*Endurance* disparaît sous les glaces.

Les efforts de Shackleton pour sauver le plus possible d'hommes de son expédition feront l'objet d'un long récit tragique et courageux plein de rebondissements (*L'Odyssée de l'*Endurance), racontant la marche des survivants sur la banquise, faite de sauts de puce jusqu'à l'île de l'Éléphant.

En pleine guerre mondiale, l'explorateur britannique ne peut compter que sur lui-même, sur les quelques scientifiques en poste sur certaines bases proches de l'Antarctique, et finalement sur le gouvernement uruguayen et un navire chilien pour recueillir les survivants. Leur aventure prend fin le 30 août 1916.

▶ *L'*Endurance *soulevée, malmenée et lentement broyée par l'étau des glaces.*

ALBERT Ier DE MONACO ET LE *PRINCESSE ALICE II*

Entre le *Princesse Alice II* et le Musée océanographique de Monaco, quel vaisseau associer au prince Albert Ier de Monaco ? Un vaisseau de mer ou de pierre ? Si le premier fut l'un de ceux sur lesquels il parcourut les mers au cours d'une douzaine de campagnes océanographiques, il définissait le second comme « un vaisseau ancré sur la côte, un temple où le travail et la paix fécondent le plus beau patrimoine de l'humanité ».

*C'est sur l'*Hirondelle *que le prince Albert débute sa carrière d'océanographe, mais il s'agit plus d'un yacht de plaisance que d'un navire d'exploration. Il fera aménager le* Princesse Alice, *puis le* Princesse Alice II, *plus moderne que le précédent, et qu'il dotera d'un véritable laboratoire d'études.*

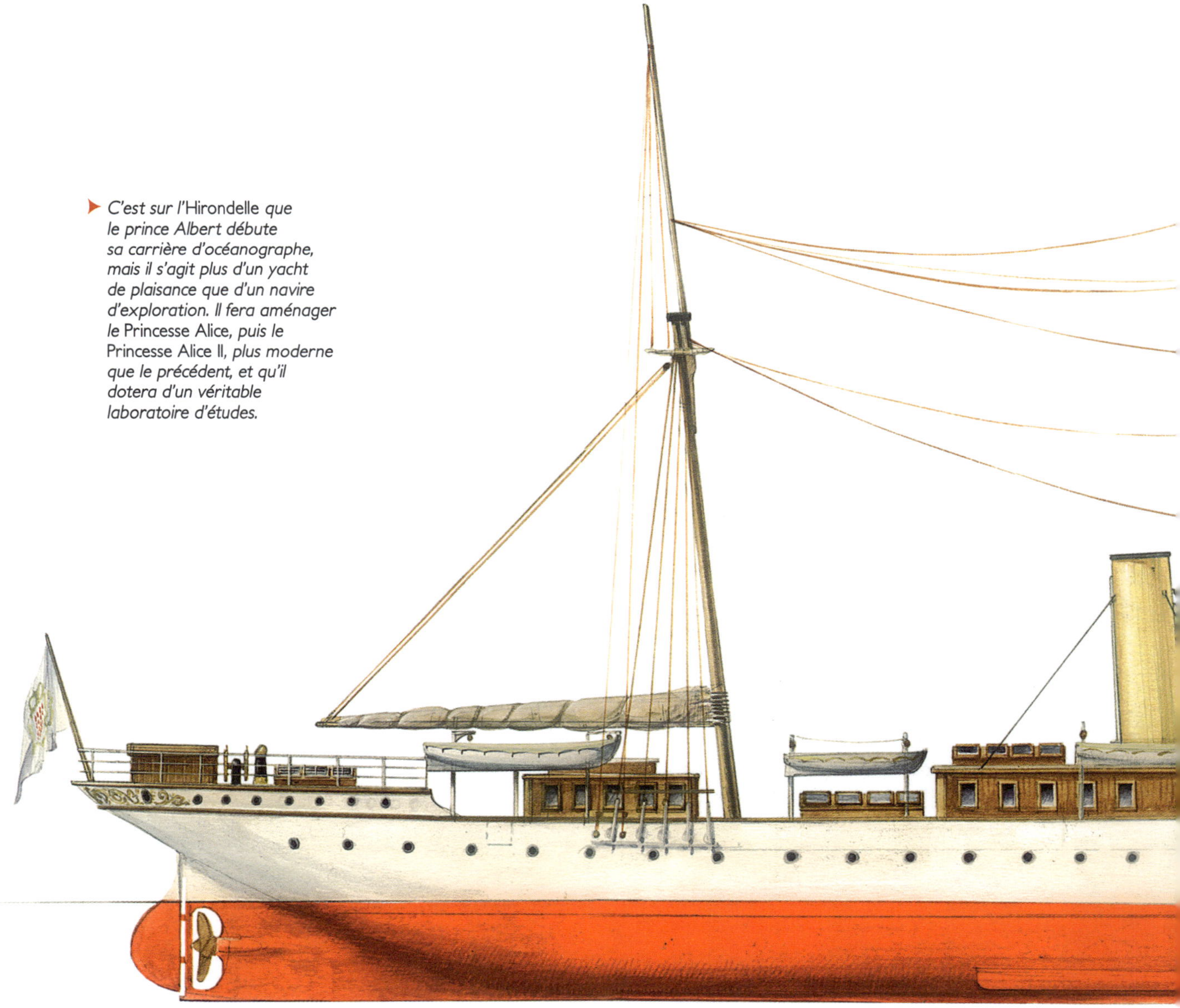

UN VAISSEAU DE BOIS ET D'ACIER

Le premier de ces navires est lancé le 27 novembre 1897 près de Liverpool. Avec une coque entièrement en acier, il mesure 73,15 mètres de long pour 10,40 mètres de large et 4,50 mètres de tirant d'eau. C'est un navire à vapeur doté d'une machine de 1000 CV et pouvant filer 13 nœuds, son gréement de brick-goélette ne lui servant que d'auxiliaire.

Il a surtout été conçu comme un outil de recherche et d'exploration des océans. Il est en effet doté à l'avant d'un puissant treuil à vapeur pour collecter les espèces peuplant les grands fonds. Collecte qui se fait soit au chalut, soit à l'aide de la nasse triédrique inventée par le prince Albert Ier de Monaco. Pour étudier, disséquer et analyser ces prélèvements, un véritable laboratoire de recherche est installé dans la cabine de pont située derrière le mât d'artimon, laboratoire équipé des toutes dernières nouveautés en termes d'étude biologique et scientifique.

UN VAISSEAU DE PIERRE

Tout ce que le prince et ses équipes collecteront au cours des campagnes menées entre le Cap-Vert et la mer des Sargasses, en passant par le Spitzberg en 1909 (expédition qui a le plus marqué Albert Ier), se retrouvera exposé dans cet autre vaisseau inauguré le 29 mars 1910: le Musée océanographique de Monaco.

Ce musée accroché à la falaise face à la mer est conçu à la fois comme une vitrine d'exposition et un laboratoire. Les halls d'exposition sont situés aux étages supérieurs avec ces grandes galeries à l'architecture typique de la fin du XIXe siècle qui font le charme des muséums d'histoire naturelle. Les laboratoires de recherche se trouvent aux étages inférieurs. Pour faire la liaison entre eux, un étage d'aquariums dont le tout dernier en date, inauguré en l'an 2000, mesure 6 mètres de profondeur. Muni de vitres de 30 centimètres d'épaisseur, il permet au visiteur de plonger littéralement au fond d'un lagon tropical.

Le premier de ces deux vaisseaux du prince Albert Ier de Monaco eut une fin agitée, puisqu'il fut successivement transformé en yacht de plaisance, puis en câblier, en navire-école, enfin en escorteur par les Allemands qui le sabordent dans le port de Marseille en août 1944. En revanche, il est toujours fortement recommandé d'aller se promener dans les coursives du second…

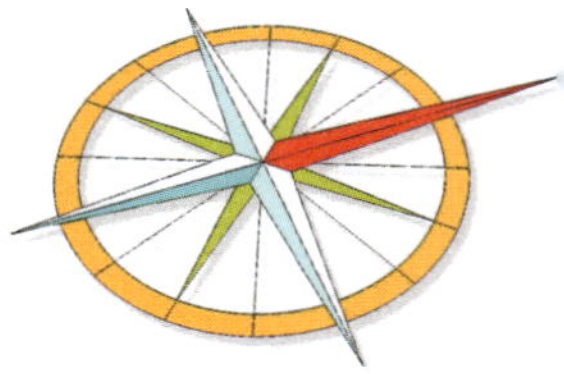

Le Musée océanographique de Monaco. Les deux grandes galeries d'exposition rassemblant les trésors collectés par le prince se situent à l'étage supérieur, de part et d'autre d'un grand hall d'entrée. De l'autre côté de la salle de conférence et au-dessous se trouvent désormais les aquariums du musée.

EXPLORER L'HISTOIRE : THOR HEYERDAHL, TIM SEVERIN

On peut croire aux récits de l'*Odyssée* ou émettre l'hypothèse de la traversée des océans par des hommes en des temps très reculés, que ce soit à l'époque des Égyptiens ou des peuplades primitives de l'Amérique du Sud. Vérifier la vraisemblance de ces histoires, se replonger dans le passé, c'est ce qu'ont fait Thor Heyerdahl et Tim Severin au milieu du XXe siècle pour le premier et en 1976-1977 pour le second. Mais si Heyerdahl agit à des fins scientifiques pour confirmer ses hypothèses, Severin le fait dans l'esprit du romancier ou de l'historien qu'il est, afin de vivre totalement l'histoire de ses héros en quelque sorte.

LE PARI DU *KON-TIKI*

Thor Heyerdahl est norvégien, navigateur, ethnologue et anthropologue. En 1947, il émet l'hypothèse du peuplement des îles pacifiques par des populations venues d'Amérique du Sud, en s'étayant sur les histoires et discours recueillis dans les îles Marquises, qu'il rapproche d'une légende entendue au Pérou et qui évoque les mêmes personnages partis un jour plein ouest sur l'Océan.

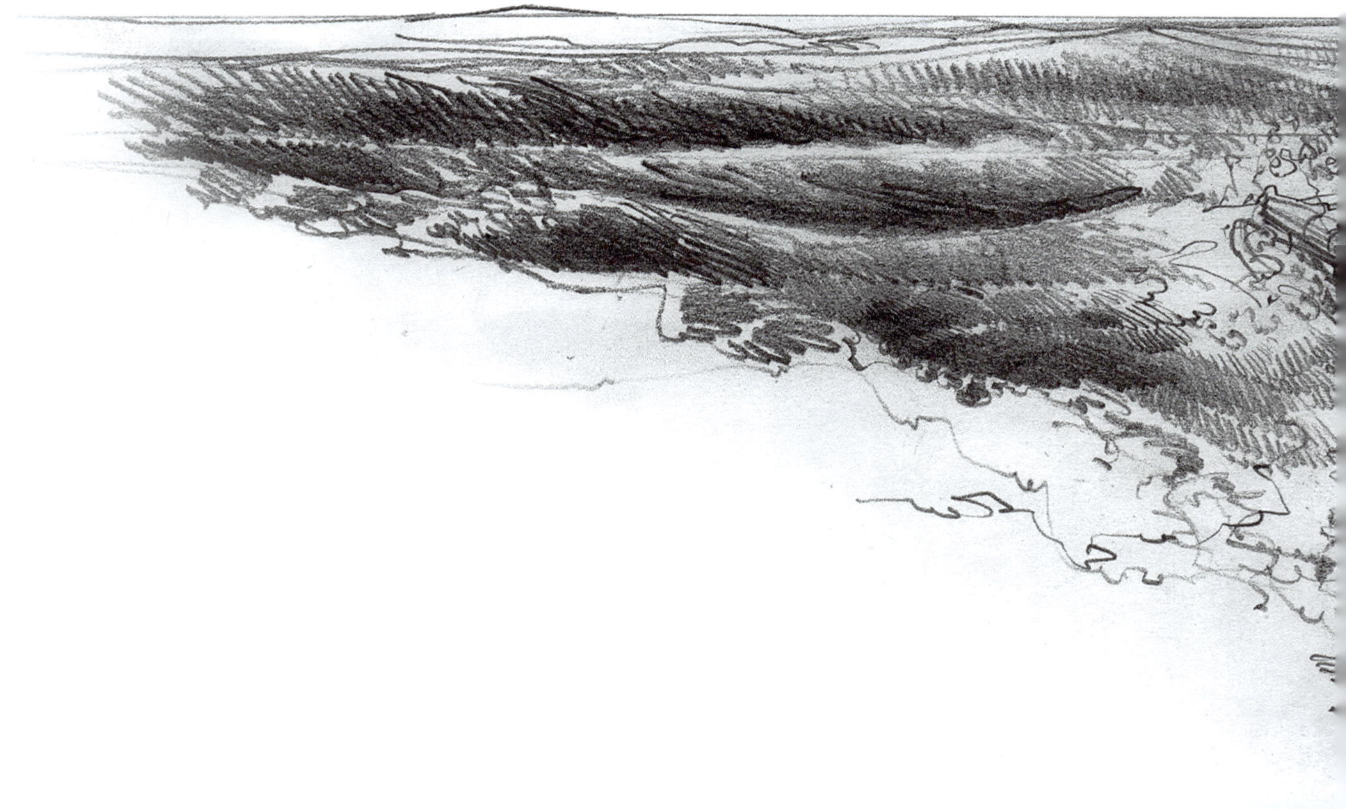

Le radeau de balsa de Thor Heyerdahl, le Kon-Tiki.

Le curragh Brendan *de Tim Severin affrontant les eaux du nord de l'Atlantique.*

Devant l'incrédulité de la communauté scientifique à qui il présente sa thèse (on estime alors que l'Océanie a été peuplée depuis l'Asie du Sud-Est), il part du principe que si une traversée de ce genre avec les moyens de l'époque était possible, les populations d'Amérique du Sud l'ont forcément tentée aussi.

Thor Heyerdahl imagine et construit donc un radeau à l'aide de neuf troncs de balsa d'à peu près 13,70 mètres de long et 0,6 mètre de diamètre, qu'il baptise de l'un des noms du dieu des Incas Kon-Tiki Viracocha, dont parlent les histoires sur lesquelles il fonde sa théorie. Il le grée d'un double mât de 8,80 mètres de haut supportant une voile carrée. Pour s'abriter, sur le plancher de bambous, il monte une petite cabine de 4,30 x 2,40 mètres.

Ils sont six, le 28 avril 1947, à embarquer sur le radeau: Heyerdahl lui-même, quatre autres Norvégiens et un Suédois. Partis de Callao au Pérou, ils mettent quatre mois avant d'atteindre l'archipel des Tuamotu le 7 août et font la traversée sans assistance, en récoltant l'eau de pluie et en se nourrissant du produit de leur pêche. Le livre et le documentaire du périple, qui portent le même titre (*L'Expédition du* Kon-Tiki) et sortent respectivement en 1948 et 1951, connaîtront un immense succès.

Si l'exploit fut accueilli avec enthousiasme, la théorie de Thor Heyerdahl est cependant encore contredite de nos jours, même si sur le plan de la navigation elle demeure tout à fait crédible.

LE CURRAGH DE BRENDAN

Né en Inde en 1940, le Britannique Tim Severin est historien et écrivain. Il a la même démarche que Thor Heyerdahl quand il propose, par exemple, sa lecture de l'histoire légendaire de saint Brendan. Ce saint irlandais embarqua vers 530 à bord d'un curragh et partit d'Irlande vers des îles fantastiques jusqu'à la terre promise cachée derrière un rideau de brouillard. Presque tout le monde aime à penser que la terre promise qu'il décrit n'est autre que l'Amérique et Tim Severin décide alors de prouver, non pas qu'il s'agit là de la vérité historique, mais seulement qu'une telle traversée était à cette époque réalisable.

Il fait donc construire ce genre d'embarcation typique des côtes irlandaises faite d'une armature de bois et couverte de cuir de 11 mètres de long, et avec quatre marins téméraires il entreprend la traversée en mai 1976. La route naturelle tracée par les vents dominants qui gonflent les deux petites voiles du curragh les conduit, comme dans le récit de Brendan, d'île en île: Féroé, Islande, Groenland, enfin Terre-Neuve en juin 1977... Severin tient sa preuve: ce voyage est possible.

Outre cette expérience, Tim Severin refera en 1980-1981 le voyage de Sindbad le marin, celui de Jason en quête de la Toison d'or en 1984, ou encore en 1985 celui de Troie à Ithaque sur les traces d'Ulysse, à bord d'une galère grecque de l'âge du bronze...

LE VENDÉE GLOBE ET *LE MACIF* DE FRANÇOIS GABART

Je ne sais plus qui donnait la définition un peu réductrice du bateau comme étant un trou dans l'eau avec du bois autour…, mais peu importe, celle-ci devient caduque si l'on regarde un bateau de la classe IMOCA tel que celui du Français François Gabart.

LA CLASSE IMOCA

IMOCA : International Monohull Open Class Association. Cette association créée au lendemain du premier Vendée Globe a pour objectif « de développer la flotte des monocoques de 60 pieds et de proposer à ses skippers un programme attractif et cohérent. L'IMOCA définit les règles qui garantissent l'équité sportive en développant l'innovation et la sécurité des bateaux. Son championnat du monde consacre des skippers d'exception qui régatent sur les mers les plus difficiles du globe ».

LA CONCEPTION DU BATEAU

Le groupe sponsor de François Gabart lance la construction de *Macif* en 2011. Les chantiers CDK Technologies/Mer Agitée à Port-la-Forêt dans le Finistère assurent l'assemblage d'une coque fabriquée en Angleterre et d'un pont fait à Cherbourg, le tout en carbone de manière à avoir le bateau le plus léger possible, mais aussi et surtout le plus fiable et résistant aux conditions extrêmes d'une course au large. L'architecte naval Guillaume Verdier du cabinet VPLP-Verdier et le navigateur Michel Desjoyeaux ont dessiné un bateau qui effleure l'eau, une coque à tirant d'eau minimum, une quille fine et effilée et quatre lames escamotables selon l'allure par rapport au vent : celles du safran double et deux hydrofoils réglables en hauteur qui, par leur forme, permettent de soulever le bateau, de limiter la traînée de la coque sur l'eau.

UNE RÉGATE À L'ÉCHELLE DU GLOBE

Au total, deux ans de préparation dont neuf mois de construction afin de pouvoir aligner au départ de la plus prestigieuse des courses autour du monde une bête de course manœuvrable par un seul homme. Cette ligne est celle du départ d'une septième édition du Vendée Globe qui sera celle de presque tous les records.

Les grandes dérives escamotables du Macif jouent également le rôle d'hydrofoils. Ces lames profilées comme des ailes d'avion tendent à soulever le bateau, diminuant ainsi sa traînée sur l'eau.

Ce bateau de 60 pieds est entièrement conçu pour pouvoir être manœuvré par un seul homme.

Ils sont trois cent mille spectateurs à assister au départ des vingt concurrents, donné au large des Sables-d'Olonne à 13h02 samedi 10 novembre 2012. Dès le cap Finistère, François Gabart est déjà en tête d'une flottille réduite à seize skippers après une semaine de course.
Le 30 novembre, François Gabart bat le record de distance en 24 heures en solitaire sur un monocoque de 60 pieds avec 482,91 milles, record ensuite battu début décembre par le Suisse Bernard Stamm (506,95 milles) et Jean-Pierre Dick (517,23 milles). Mais entre les 9 et 10 décembre 2012, Gabart se réapproprie le record avec 545,34 milles.
Le Vendée Globe: il s'agit bien d'une régate autour du monde en solitaire, sans escale et sans assistance, avec huit bouées à passer, une course stratégique à l'échelle du globe, où le routage du bateau est à l'appréciation de son seul skipper en fonction d'un bulletin météo transmis quotidiennement par la direction de course, où la robustesse des matériels est mise à rude épreuve. Ces marins n'explorent certes pas le globe comme nous l'entendons, mais l'aventure, les épreuves et les sensations sont certainement à la hauteur de ce qu'ont éprouvé leurs prédécesseurs autour du monde.
François Gabart franchit le cap Horn en tête, suivi de près par Armel Le Cléac'h. Le premier bouclera son tour du monde le 27 janvier 2013 à 15h18 en 78 jours 2 heures 16 minutes et 40 secondes, devenant ainsi le plus rapide et le plus jeune vainqueur de l'épreuve. Il devance Armel Le Cléac'h de seulement trois heures! Ils seront onze à terminer la course…
C'est avec ce bateau qu'il remporte, le 14 novembre 2014, la Route du Rhum dans la catégorie des IMOCA, battant également le record de l'épreuve en monocoque en 12 jours, 4 heures, 38 minutes et 55 secondes.

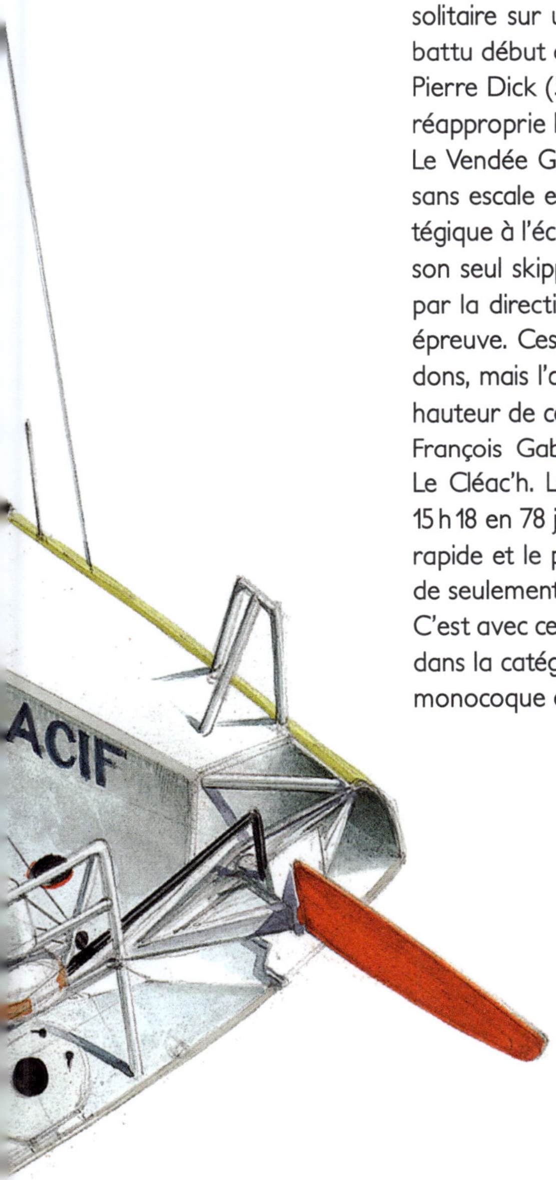

L'*ANDRÉ MALRAUX* SUR LES TRACES DES EXPLORATEURS

LA CRÉATION DU DRAASM

Nous sommes à l'ère de la mondialisation et désormais, sauf exception, les missions d'exploration et de recherche sont le fait d'organismes publics ou privés et menées par des équipes composées de spécialistes d'origines ou de pays différents.

Le 30 septembre 1966, André Malraux, alors ministre des Affaires culturelles, crée la Direction des recherches archéologiques sous-marines (DRASM), qui deviendra trente ans après le Département des recherches archéologiques subaquatiques et sous-marines (DRASSM), avec pour mission « d'inventorier, d'étudier, de protéger, de conserver et de promouvoir le patrimoine archéologique national subaquatique et sous-marin ». À l'époque, Malraux n'imagine certainement pas que le fleuron de cet organisme portera son nom.

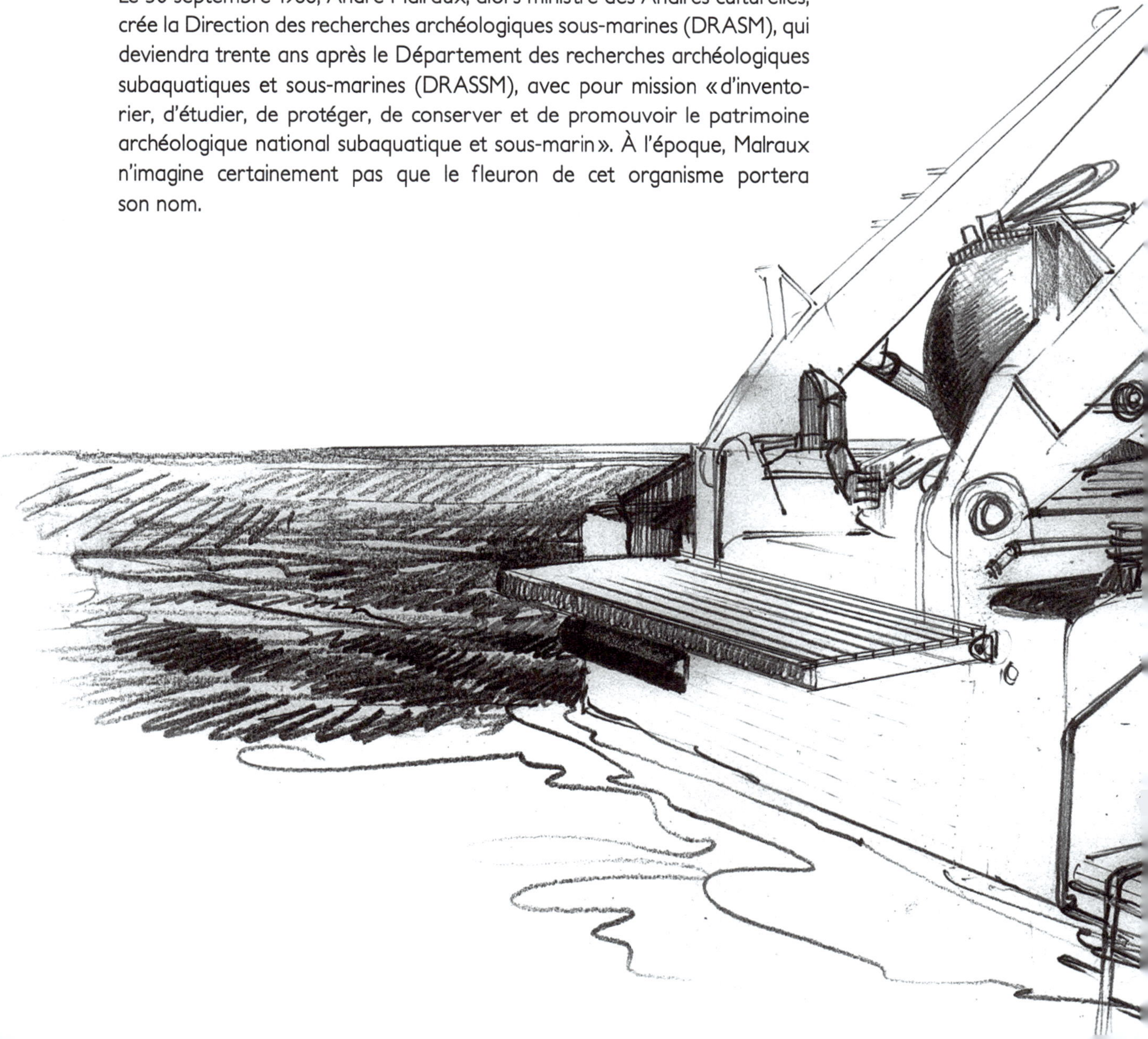

*L'*André Malraux *au mouillage au-dessus d'une épave. Sur le pont arrière, le submersible de la Comex, le* Remora 2000*, capable de plonger une dizaine d'heures jusqu'à 610 mètres de profondeur.*

L'ÉQUIPEMENT DU *MALRAUX*

Lancé début 2012, l'*André Malraux* est le dernier bateau de recherche conçu par le DRASSM mené par son directeur Michel L'Hour et les récents chantiers navals ciotadens H2X. Ce navire de 36,30 mètres de long et 8,85 mètres jaugeant 335 UMS (150 tonneaux environ) a été lancé le 24 janvier 2012, à La Ciotat. Bâti spécialement pour ses fonctions de recherche et d'exploration, il peut embarquer pour des missions longues une équipe d'une douzaine de personnes composée d'archéologues, de plongeurs et de chercheurs.

Quant au matériel emporté, outre l'équipement de plongée « habituel », sa plate-forme arrière peut accueillir un petit sous-marin ou robot d'exploration, la charge utile du treuil de poupe étant de 7 tonnes.

Ce navire est donc parfaitement autonome et doté des technologies les plus modernes en matière de recherche subaquatique et sous-marine : capable de traîner dans son sillage les derniers instruments de détection électronique reliés aux ordinateurs de la salle de recherche du bâtiment, il peut ainsi reproduire les fonds sous-marins et les épaves qui y gisent.

Ce bateau est également polyvalent : pour des raisons économiques, il est affecté à la flotte des garde-côtes et, bien que dépendant du ministère de la Culture, son intégration à cette flotte fait qu'en cas de nécessité, il passe alors sous l'autorité du Premier ministre et du Secrétariat général de la mer.

Si la première grande mission du *Malraux* fut d'explorer *La Lune*, ce bâtiment du XVIIe siècle qui a sombré au large de Toulon, il a réalisé durant l'été 2012 une importante campagne de relevés des fonds sous-marins autour de la Corse, afin d'en dresser une carte archéologique.

TARA : QUAND LE HÉROS DEVIENT LE BATEAU...

L'*ANTARCTICA* DE JEAN-LOUIS ÉTIENNE

36 mètres de long, 10 mètres de large, tout en aluminium parce que ce dernier reste souple sous l'action du froid, contrairement à l'acier. Des formes « en noyau d'olive », longues et arrondies afin de se laisser prendre et soulever sans risque par les glaces polaires, 120 tonnes de déplacement au lieu des 800 du *Fram*, un gréement de goélette avec deux mâts de 27 mètres. Le bateau peut emporter sept hommes d'équipage et une équipe de sept scientifiques et ingénieurs. Dessiné par Olivier Petit et Luc Bouvet, il est construit par les chantiers SFCN à Villeneuve-la-Garenne pour le médecin et explorateur français Jean-Louis Étienne en 1989. Il s'appelle alors *Antarctica*. Sous le commandement d'Étienne, il conduira les scientifiques en Antarctique et au Spitzberg entre 1991 et 1996.

tara

LE *SEAMASTER* DE PETER BLAKE

Rebaptisé *Seamaster* par le navigateur néo-zélandais Peter Blake, il entreprend une longue mission pour « protéger la vie dans, sur et autour de l'eau » sous l'égide du Programme des Nations unies pour l'environnement. Sa mission est brutalement interrompue par la mort brutale de son capitaine.
Parti d'Auckland au mois de novembre 2000, s'arrêtant au cap Horn et en Terre de Feu, le bateau remontait la côte est de l'Amérique du Sud et s'était arrêté pour faire escale au Brésil à l'embouchure de l'Amazone quand, le 5 décembre 2001 à la tombée de la nuit, un groupe de pirates l'attaquèrent, tuant Peter Blake et blessant grièvement deux des six hommes d'équipage.

TARA, L'AMBASSADEUR

Racheté en 2003 par Étienne Bourgois, directeur de la marque agnès b., et rebaptisé *Tara*, il est maintenant « engagé pour la planète », envoyé aux pôles afin de suivre et d'étudier l'évolution des climats et leur impact sur l'état des calottes polaires et des océans.
Depuis 2004, il transporte sans relâche les scientifiques, se laissant dériver dans l'Arctique pendant dix-huit mois (2006-2008) pour laisser ses passagers étudier l'air, la banquise et l'atmosphère, passant ensuite trois années (2009-2012) à mener des savants dans une grande mission d'étude planétaire du plancton. Enfin, en mai 2013, il repart dans le Grand Nord pour se laisser porter par la banquise ou du moins la contourner afin que son équipage puisse étudier l'écosystème polaire marin. Avec les moyens de communication en temps réel dont nous disposons, il est devenu l'ambassadeur du pôle auprès des grands de ce monde, qui sont responsables des politiques en matière de limitation du réchauffement climatique.
C'est en quelque sorte un retour aux origines, du moins un retour aux premiers chapitres de cet ouvrage que *Tara* aura effectué de mai à novembre 2014 puisque sa mission la conduit en Méditerranée. Cette mer qui ne comporte que deux petites portes, le détroit de Gibraltar et le canal de Suez, concentre presque le tiers du trafic maritime mondial. Les scientifiques embarqués avaient pour tâche de collecter des échantillons d'eau de cet espace quasi clos afin de poser un diagnostic : quel est l'état de la Méditerranée ? Quels écosystèmes se développent dans les plastiques et autres déchets que l'homme rejette en mer, et quels en sont les impacts ? Il est en effet un nouveau continent flottant constitué de tous ces débris et microdébris, un nouveau continent à explorer malheureusement.

En ce début de XXIe siècle, l'exploration maritime continue, principalement au niveau des pôles et dans les profondeurs des océans. Il ne s'agit plus comme jadis de repousser les limites des terres connues, de conquérir de nouveaux territoires, mais plutôt d'approfondir notre connaissance de la Terre et de ses mers afin de mieux les protéger.

LEXIQUE ILLUSTRÉ

LA BOUSSOLE DE LA PÉROUSE

1 Artimon
2 Perroquet de fougue
3 Perruche d'artimon
4 Voile d'étai d'artimon
5 Voile d'étai de perroquet de fougue
6 Grand'voile
7 Grand hunier
8 Grand perroquet
9 Grande voile d'étai
10 Voile d'étai de grand hunier
11 Contre-voile d'étai
12 Voile d'étai de grand perroquet
13 Misaine
14 Petit hunier
15 Petit perroquet
16 Civadière
17 Petit foc
18 Grand foc

A Moulin (emporté en kit, monté au large des côtes de Californie)
B Dunette
C Bouteille
D Roue (manœuvre du gouvernail)
E Descente
F Cabestan
G Coffres pour les échantillons de plantes
H Cages à poules
I Canots
J Petit cabestan
K Mât de beaupré
L Pierrier
M Hune d'artimon
N Grande hune
O Hune de misaine
P Gabiers en train de carguer le petit hunier

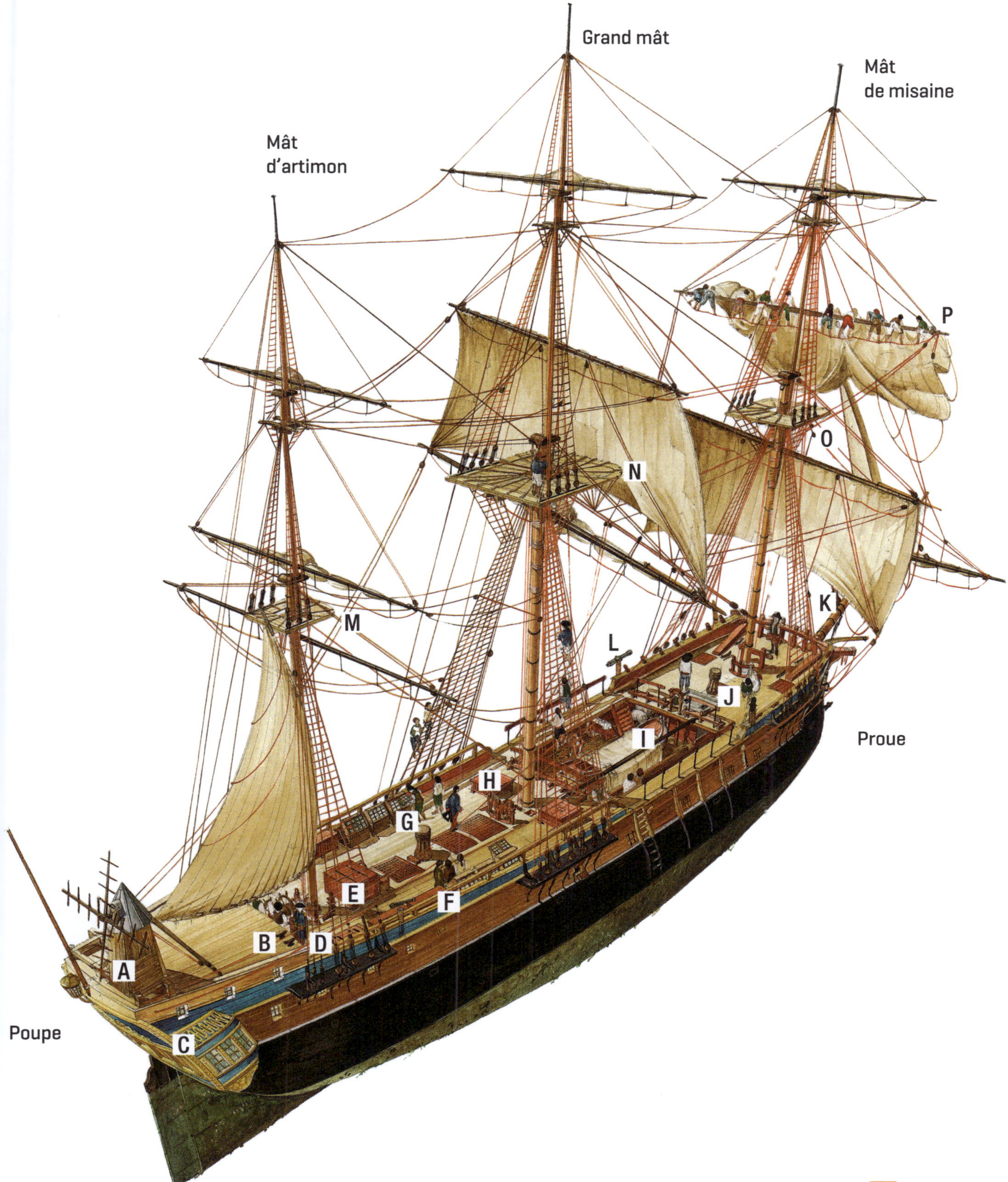
Grand mât
Mât
de misaine
Mât
d'artimon
P
O
N
M
K
L
J
I
Proue
H
G
E
F
B
D
A
Poupe
C

- 8000
Invention du bateau

- 5000
Première représentation
d'un bateau à voile
(tombe sumérienne – Eridou)

- 150
Invention de l'astrolabe
astronomique

-3000 0 476

ANTIQUITÉ **MOY**

- 500
Exploration par Hannon
des côtes africaines

982
Voyage d'Erik le Rouge
au Groenland

- 325
Voyage de Pythéas
vers les îles Britanniques
et sans doute les Shetland
ou les Féroé

Navire
de Pythéas

Drakkar

la *Santa Maria*
de C. Colomb

1117
Première mention d'une boussole destinée à la navigation (Chine)

1577-1580
Voyage de Francis Drake autour du monde

1340
Apparition du gouvernail d'étambot en Europe

1492
Découverte de l'Amérique par Christophe Colomb

…EN ÂGE

1492

ÉPOQUE MODERNE

1434-1498
Explorations portugaises autour de l'Afrique

1534
Premier voyage de Jacques Cartier jusqu'à l'embouchure du Saint-Laurent

1000
Voyage de Leif Erikson vers Terre-Neuve

1519
Départ de Magellan pour le premier tour du monde à la voile

1606
Willem Janszoon découvre l'Australie

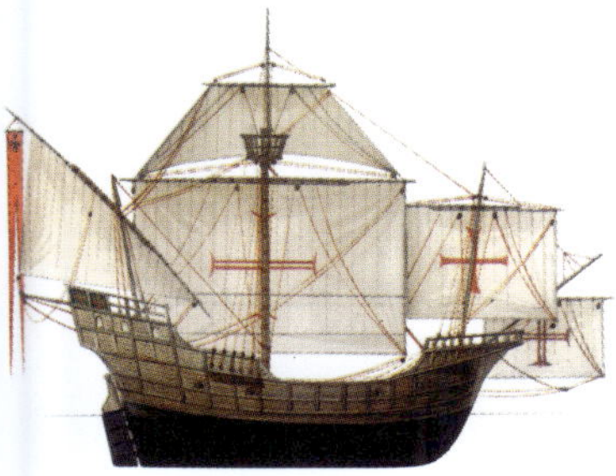

le *São Gabriel* de Vasco de Gama

la *Grande Hermine* de Jacques Cartier

le *Duyfken* de W. Janszoon

1768
Début du premier voyage de Cook et exploration de la Nouvelle-Zélande et de l'Australie

1791
D'Entrecasteaux part à la recherche de La Pérouse

1730 Invention du sextant

1831-1836
Voyage de Darwin en Amérique du Sud à bord du *Beagle*

1699
William Dampier explore l'Australie

1789

ÉPOQUE MODERNE

1766-1769
Voyage de Bougainville autour du monde

1829
Dumont d'Urville identifie les épaves de La Pérouse

1785
Départ de La Pérouse pour le Pacifique

la *Boussole* de La Pérouse

le *Fram* de F. Nansen

le *Spray* de Soclum

1884
Le monde adopte le méridien de Greenwich comme référence universelle

1909
Voyage du prince Albert Ier de Monaco au Spitzberg

1914-1916
Voyage de Shackleton en Antarctique

1966
Création du DRASM

2012
Lancement du *André Malraux*

ÉPOQUE CONTEMPORAINE

1893
Départ de Nansen pour le pôle Nord

1895-1898
Slocum ou le premier tour du monde en solitaire

1947
Thor Heyerdahl et l'expérience du *Kon-Tiki*

1976-1977
Tim Severin et le *Brendan*

2013
Nouvelle expédition de
dans le Grand Nord
Tara

le *Princesse Alice II* d'Albert Ier de Monaco

Tara

Crédits architecturaux:
IMOCA *Macif* © Vplp/Verdier
Tara (anciennement *Antarctica*) © Olivier Petit et Luc Bouvet

Certifié PEFC
Ce produit est issu de forêts gérées durablement et de sources contrôlées.
PEFC™
10-31-2065
pefc-france.org

Achevé d'imprimer en France en mars 2015 par Pollina – L71712, sur papier provenant de forêts gérées de manière durable.